案解民法典——群众身边的
法律顾问系列读本 | 总主编 / 徐向春

案解民法典

群众身边的法律顾问·侵权责任编

马滔 / 主编

中国检察出版社

图书在版编目（CIP）数据

案解民法典：群众身边的法律顾问．侵权责任编／马滔主编．—北京：中国检察出版社，2021.2

ISBN 978-7-5102-2478-2

Ⅰ．①案… Ⅱ．①马… Ⅲ．①民法-法典-案例-中国②侵权行为-民法-案例-中国 Ⅳ．①D923.05

中国版本图书馆CIP数据核字（2020）第166481号

案解民法典——群众身边的法律顾问·侵权责任编
马　滔　主编

出版发行：	中国检察出版社
社　　址：	北京市石景山区香山南路109号（100144）
网　　址：	中国检察出版社（www.zgjccbs.com）
编辑电话：	（010）86423707
发行电话：	（010）86423726　86423727　86423728
	（010）86423730　86423732
经　　销：	新华书店
印　　刷：	北京宝昌彩色印刷有限公司
开　　本：	710 mm×960 mm　16开
印　　张：	20.25
字　　数：	248千字
版　　次：	2021年2月第一版　2021年2月第一次印刷
书　　号：	ISBN 978-7-5102-2478-2
定　　价：	60.00元

检察版图书，版权所有，侵权必究
如遇图书印装质量问题本社负责调换

《案解民法典——群众身边的法律顾问》系列读本
编 委 会

总 主 编　徐向春
副总主编　那艳芳　　杜亚起　　陈鸶成
执行主编　马　滔
策　　划　徐向春　　马　滔　　郭志安
　　　　　彭赞清　　孔　亮　　段慧娟
　　　　　余结兵　　左袁蜻　　于　倩
　　　　　秦子轶　　李兰云　　杜　雪

《案解民法典——群众身边的法律顾问·侵权责任编》
编 委 会

主　编　马　滔
副主编　赵景川
撰稿人　马　滔　赵景川　郭志安
　　　　　彭赞清　于　倩　秦子轶
　　　　　李兰云　杜　雪　徐晓彤
审　稿　彭赞清　段慧娟

《案解民法典——群众身边的法律顾问》系列读本编写说明

这是写给广大群众的民法典学习用书。

2020年5月28日,十三届全国人大三次会议审议并表决通过了《中华人民共和国民法典》,于2021年1月1日起正式施行。这是新中国第一部以法典命名的法律,具有里程碑意义。民法典既有价值引领,也是行为规范。《中华人民共和国民法典》第1条开宗明义地把"弘扬社会主义核心价值观"写入其中,引导人们向上、向善;引导人们诚实守信,友好交往;引导人们坚守公平正义,弘扬社会正能量;引导人们厉行节约,保护环境;引导人们正确行使权利,有效防范风险,充分履行责任。除了价值和理念层面的引导,民法典以七编的版块结构、洋洋大观的1260个具体条文,围绕着每个人从呱呱坠地到结婚生子、死亡,从柴米油盐到衣食住行徐徐铺陈开来,与每一个人的生老病死息息相关,是名副其实的"社会生活百科全书"。可以说,民法典是最接地气的法律,是每一个人须臾不可离开的法律。

这是以案例阐释法律的通俗读物。

社会生活纷繁复杂,民法精神养成和制度演进历史悠长,民法理论博大精深，民法学学术研究成果卷帙浩繁，学习、运用民法典绝非易事。对于普通读者来说，通过案例学习法律，是最佳途径。案例是社会生活的实例，是法律实施的场景化、具体化。结合案例阐释法律，能够使静态的法条、抽象的理论变得动态、立体、鲜活、易懂，广大普通读者也能结合相关、近似案例学习民法典、运用民法典，在自己关心的民法问题、涉及自身的民事案件中，找到更直接、更真切的参照系。以案例为载体，是丛书编写最基本的考虑。

这是结构完整、编排科学的准法律工具书。

本丛书的编写，是通过常见问题、典型案例、相关法律相结合的形式，采取以案说法、以案释法的方式进行普法宣传，为群众提供法律咨询服务。丛书各分编各篇目均统一体例，以问题为导向，以问题查找案例、以案例引出法条，具有速查功能。每一个问题的展开过程为：问题＋基本案情＋问题描述＋裁判情况＋释法析理＋相关法条的模式。各要素的具体内涵是：

（一）问题：即各篇之篇名。以该问题作为具体篇目的名称，全部篇目完成后，以问题生成目录，方便检索查找。

（二）基本案情：简要概述具体案件的基本情况。案件的选取力求具有典型性、代表性，是实践中的常见问题，总体法律关系明确、案情典型。

（三）问题描述：综合案件具体情况，明确该案的核心法律争点，是对题目的具体描述和界定。

（四）裁判情况：重点梳理法院审理的过程及生效的裁判结论。

（五）释法析理：综合案件具体情况，根据裁判结论，对针对此类问题的民法典的相关规定进行解释说明。解释说明力求简明扼要、通俗易懂，不照搬法条，不作学理性阐释。

（六）相关法条：列出该问题及案例涉及的主要法律法规及司法解释，并按照民法典的条文在前，其他法律法规及司法解释在后的顺序排列。

这是特色鲜明、易用好用的大众读物。

第一，重点突出。以满足群众社会生活中常见法律需求为目标，针对实践中普遍存在的矛盾纠纷类型，立足于普通群众、日常生活、常见问题的视角，突出日常生活和社会生活中常见纠纷类型和典型法律问题，选取民法典的重点条文进行解读和宣传，不求面面俱到、逐条涉及，亦不作全面解读。

第二，问题典型。一是选常见问题，源于生活的实际问题，避免生僻问题或生造问题；精准提炼问题，以小切口讲述民生大问题，避免空泛和专业，凸显具体化和生活化。二是选实际问题，根据实际案例提炼问题，尽量选取公开的案例，以权威的裁判为基础。三是选成熟问题，在同一个问题有多个案例的情况下，优选更为典型、效果更好、裁判文书说理更为充分者。四是选有解释价值的问题，不选普遍不存在疑惑的问题，比如"老张借给老李一笔钱可以要回来吗？"这样的问题其答案是不言自明、人尽皆知的。但"老张借给老李一笔钱，没有约定还款日期，老张什么时候可以要回来？"就是有价值的问题。

第三，语言通俗。语言是表达和理解的工具。本丛书的编写立足群众需求，文字表达力求准确精练、通俗易懂，以法律人讲生活语言、社会语言的方式，将法言法语转换为易为群众理解的语言。

策划、编写《案解民法典——群众身边的法律顾问》系列读本，是我们控告申诉检察干警学习、贯彻民法典的具体举措；是我们在建设社会主义法治国家的伟大征程中，以自己的绵薄之力助力民法典的普法宣传，满足广大人民群众学习、运用民法典的重要方式。期待本丛书的编写和出版发行能发挥助推形成全社会主动学法、办事依法、遇事找法的习惯，以防范民事交往的挫折和风险，减少社会治理成本，形成良法善治的有效治理态势。

最高人民检察院第十检察厅

2021年1月

目 录 CONTENTS

- 工厂排放有害气体污染环境致人损害侵权责任如何认定（第1165条）/1

- 消费者因商家虚假宣传造成损害如何维权（第1165条）/4

- 无过错责任中受害人的一般过失是否适用过失相抵（第1166条）/8

- 夫妻离婚后拥有房屋所有权的一方可以要求对方迁出吗（第1167条）/11

- 机动车号牌出借他人使用发生交通事故造成他人损害出借人如何承担责任（第1168条）/14

- 教唆、帮助他人实施侵权行为造成损害如何承担责任（第1169条第1款）/18

- 成年人教唆未成年人损坏他人财物侵权责任如何承担（第1169条第2款）/21

- 公用下水管道堵塞溢水致楼下住户财产损害
  如何承担侵权责任（第1170条）/24

- 两车撞倒行人后逃逸第三辆车又碾压行人
  如何承担侵权责任（第1171条）/27

- 多家公司排污致鱼死亡不能确定责任大小
  如何承担侵权责任（第1172条）/31

- 被侵权人对损害发生或者扩大有过错
  侵权人如何承担侵权责任（第1173条）/35

- 卧轨自杀引起人身损害责任纠纷
  铁路运输企业是否承担责任（第1174条）/38

- 动物受惊扰撞倒过路电动自行车致使骑车人受伤
  如何承担侵权责任（第1175条）/41

- 结伴骑马过程中因马失控致使他人坠马摔伤
  如何承担侵权责任（第1176条）/44

- 债权人限制债务人人身自由
  债务人跳楼摔死责任如何承担（第1177条）/48

- 被他人殴打造成人身伤害
  受害人可以获得哪些赔偿（第1179条）/52

目 录

◆ 因同一侵权行为造成多人死亡的
死亡赔偿金如何确定（第1180条）/55

◆ 被侵权人的近亲属都可以请求侵权人赔偿吗
（第1181条）/58

◆ 侵害人身权益造成财产损失赔偿数额如何计算
（第1182条）/61

◆ 减肥照片被健身教练转发微信朋友圈
可以请求精神损害赔偿吗（第1183条）/65

◆ 大风刮倒大树压坏小汽车财产损失由谁来赔
（第1184条）/68

◆ 侵犯他人商标权被侵权人可以请求惩罚性赔偿吗
（第1185条）/71

◆ 受害人和行为人都没有过错时
受害人的损失如何赔偿（第1186条）/75

◆ 侵权人与被侵权人之间就损害赔偿问题达成的
"私了"协议受法律保护吗（第1187条）/78

◆ 未成年人在校期间致人损伤谁负责
（第1188条）/81

- 孩子委托他人照顾过程中伤害他人
  应当由谁承担侵权责任（第1189条）/84

- 酒后驾驶他人租用的车辆肇事致使车毁人伤
  责任如何分配（第1190条）/88

- 员工过失抛物致人伤残受害人应找谁维权
  （第1191条第1款）/91

- 劳务派遣人员执行工作任务造成他人损害
  侵权责任如何分配（第1191条第2款）/93

- 提供劳务一方因劳务受到损害赔偿责任
  如何分配（第1192条第1款）/96

- 提供劳务一方因第三人过错造成损害
  接受劳务方是否担责（第1192条第2款）/100

- 承揽人在完成工作过程中致自己损害
  定作人是否承担侵权责任（第1193条）/104

- 在微信"朋友圈"发布他人照片并对其人进行
  辱骂如何承担侵权责任（第1194条）/107

- 网络服务提供者未及时删除侵权信息
  如何承担侵权责任（第1195条）/110

◆ 网络服务提供者对用户侵权未采取措施
如何承担侵权责任（第1197条）/115

◆ 食客在餐馆儿童游乐设施玩耍时受伤
餐馆是否承担侵权责任（第1198条第1款）/119

◆ 未成年人高空抛物致人死亡
小区物业是否承担损害赔偿责任（第1198条第2款）/123

◆ 儿童在幼儿园感染手足口病医治无效死亡
幼儿园是否承担责任（第1199条）/127

◆ 住校小学生从高低床上铺摔下受伤
学校是否承担侵权责任（第1200条）/131

◆ 学生之间课间打闹摔倒受伤
侵权责任如何分担（第1201条）/134

◆ 产品缺陷造成他人损害时
生产者如何承担侵权责任（第1202条）/137

◆ 驾驶过程中车辆发生自燃车辆所有人可以向
销售者请求赔偿吗（第1203条）/140

◆ 产品销售者承担产品责任后可以向有过错的
第三人追偿吗（第1204条）/143

家具安装完后室内空气检测超标是否可以
请求销售者排除妨害消除危险（第1205条）/146

有缺陷的产品投入市场后销售者补救不力
对扩大的损害承担侵权责任吗（第1206条）/149

明知产品存在缺陷仍然生产、销售
被侵权人可以要求惩罚性赔偿吗（第1207条）/152

汽车发生交通事故后如何划分赔偿责任
（第1208条）/156

机动车之间发生交通事故但都未投保交强险
如何划分赔偿责任（第1208条）/160

行人故意碰撞机动车造成损害
机动车一方需要承担赔偿责任吗（第1208条）/164

将汽车借给他人发生交通事故造成损害
车主要赔偿受害人吗（第1209条）/168

卖车后未过户发生交通事故致人损害
原车主是否承担赔偿责任（第1210条）/171

挂靠从事运输经营活动发生交通事故
被挂靠人要赔偿受害人吗（第1211条）/174

- 汽车被偷开期间发生交通事故致人损害
  车主要赔偿受害人吗（第1212条）/178

- 既投保了交强险又投保了商业保险发生交通事故
  造成损害如何确定赔偿顺序（第1213条）/181

- 驾驶报废机动车发生交通事故致人损害
  驾驶人与原车主如何承担赔偿责任（第1214条）/185

- 汽车被盗后发生交通事故造成损害
  车主和保险公司是否承担赔偿责任（第1215条）/189

- 驾驶汽车发生交通事故后逃逸
  保险公司能否拒赔（第1216条）/193

- 道路交通事故社会救助基金垫付费用
  是否还需要肇事者偿还（第1216条）/198

- 免费搭顺风车发生交通事故
  司机是否承担赔偿责任（第1217条）/203

- 实施胃大部切除手术前未向患者说明情况
  医院承担赔偿责任吗（第1218条）/207

- 医院告知书将拒绝签字视为拒绝治疗
  是否与紧急情况下无须取得同意相矛盾
  （第1219条、第1220条）/210

- 医院未尽到诊疗义务导致患者病情加重死亡
  是否应当承担赔偿责任（第1221条）/213

- 患者因无病历资料不能申请司法鉴定
  医院是否承担赔偿责任
  （第1222条、第1225条）/216

- 输血多年后发现感染HIV病毒应当由谁承担责任
  （第1223条）/219

- 患者在就诊期间自杀身亡医院是否承担赔偿责任
  （第1224条）/222

- 医院向他人提供患者病历资料被用于案件
  诉讼是否构成侵权（第1226条）/225

- 患者以发生医疗事故为由拒不搬离病房
  是否承担法律责任（第1228条）/228

- 购物中心播放广告造成光污染影响居民生活
  如何承担责任（第1229条）/231

- 污水排放企业能以排放达标免除污染饮用水
  侵权赔偿责任吗（第1230条）/234

- 两个以上侵权人污染环境、破坏生态侵权责任
  如何承担（第1231条）/237

- 因第三人过错污染环境侵权责任如何承担
  （第1233条）/240

- 违反国家规定造成生态环境损害侵权人
  如何承担修复责任（第1234条、第1235条）/242

- 在建筑工地施工时被高空坠物砸伤
  应当由谁承担侵权责任（第1236条）/245

- 受邀乘坐飞机坠毁后航空器经营者是否承担责任
  （第1238条）/248

- 天然气管道泄漏引发爆炸造成损害
  应当由谁承担侵权责任（第1239条）/251

- 在农场钓鱼时触电身亡侵权责任如何承担
  （第1240条）/254

- 捡拾飘来的氢气球发生爆炸造成损害
  应当由谁承担侵权责任（第1241条）/258

- 盗油者不慎引爆天然气烧伤他人
  谁应对受害者负责（第1242条）/261

- 老人私自潜入发电公司煤场死亡
  发电公司应当承担侵权责任吗（第1243条）/264

- 骑电动自行车与他人的狗相撞骑车人倒地受伤
  侵权损害责任如何承担（第1245条）/267

- 宠物窜入机动车道造成骑车人受伤
  如何承担侵权责任（第1246条、第1249条）/269

- 被禁止饲养的烈性犬咬伤应当由谁承担赔偿责任
  （第1247条）/272

- 儿童投喂动物园饲养的动物被咬伤
  侵权责任如何确定（第1248条）/274

- 狗被汽车碰撞受惊致摩托车骑车人倒地受伤
  应当由谁承担赔偿责任（第1250条）/277

- 建筑工地在建墙体倒塌砸伤工人
  赔偿责任如何分配（第1252条）/280

- 电梯井顶部油毡脱落砸坏汽车
  谁来赔偿车主损失（第1253条）/283

- 高空掉下水泥块砸伤路人由谁承担责任
  （第1254条）/286

- 路边堆放的电线杆滚落压伤卸货司机
  应当由谁赔偿（第1255条）/290

- 骑车时因路面有油污而滑倒受伤

  环卫部门是否承担赔偿责任（第1256条）/293

- 树枝折断坠落砸伤路人如何承担责任

  （第1257条）/296

- 因踩到的井盖突然翻转致伤应向谁索赔

  （第1258条）/299

工厂排放有害气体污染环境致人损害侵权责任如何认定

◆（第 1165 条）◆

基本案情

原告王某以某机械制造公司应当承担环境污染侵权责任为由，向法院提起诉讼称：被告所经营的厂区距离原告家不到一米距离，被告生产过程中产生废水、废气、难闻气体及灰尘。原告因病住院后，经诊断系被污染气体及尘埃侵袭，患支气管肺炎和支气管哮喘，请求判令被告赔偿原告住院费、门诊费、住院伙食补助费、护理费、交通费、营养费、续医费、精神抚慰金。被告某机械制造公司辩称：经监测，工厂污染物达标排放，生产环境符合行业达标要求；原告患病前，周边其他居民没有发生过患支气管炎和支气管哮喘的病史，且被告的部分职工也居住在厂区附近，并未发生类似疾病，故请求驳回原告诉讼请求。

问题描述

环境是人类生存、延续的基本条件，环境污染严重影响人们的身体健康，因污染环境造成他人损害的，侵权人应当承担侵权责任。由于大气本身具有自净能力，而环境侵权行为的影响具有累积性、滞后性，致害物质、致害途径复杂多样，污染物与损害后果之间的因果关系难以厘清。本案作为大气污染诉讼，最大的争议焦点是有害气体排放行为与被害人遭受损害之间是否存在因果关系；最大的难点是因果关系证明，以及谁来承担证明责任。

裁判情况

本案经过一审、二审。法院经审理查明，被告某机械制造公司主要从事铸造加工，用废钢铁生产汽车铸件，排放污染物为废气、粉尘等，废气刺鼻难闻。在被告迁入前，原告已居住于该地。被告围墙距原告家住宅不到一米，被告围墙距其排烟管道（烟囱）底部距离约25米。与周围其他村民比，原告住宅距离被告生产车间明显最近。因反复咳嗽两个月，原告到医院住院治疗，诊断为患支气管肺炎、支气管哮喘。过敏原检查显示：狗上皮（+）、屋尘（+），提示对屋尘、狗上皮过敏，应尽量避免接触。

在案件审理过程中，被告申请对原告病因是否系遗传以及与被告排放行为是否存在因果关系进行司法鉴定，经查询、联系，国内尚无具有资质的此类鉴定机构。该鉴定申请被退回后，被告表示自行联系司法鉴定机构，但未在法院指定时间前完成联系工作。法院经走访卫生行政主管部门、医院呼吸科专家，均表示原告患病与环境、遗传、体质有关系。

裁判结论：一审法院判令被告某机械制造公司向原告王某一次性赔偿住院医疗费、门诊费、住院伙食补助费、护理费及交通费；驳回原告王某的其他诉讼请求。宣判后，被告不服提起上诉，二审法院作出判决，驳回上诉，维持原判。

释法析理

《中华人民共和国民法典》第1165条第2款规定，"依照法律规定推定行为人有过错，其不能证明自己没有过错的，应当承担侵权责任"。过错推定原则是过错责任的一种适用方式,根据法律的特别规定,对某些侵权行为实行举证责任倒置,受害人无须就行为人的过错负担举证责任。《中华人民共和国民法典》第1230条规定,"因污染环境、破坏生态发生纠纷,行为人应当就法律规定的不承担责任或者减轻责任的情形及其行为与损害之间不存在因果关系承担举证责任"。本案中,被告某机械制造公司经环境保护部门调查认定,确有排放废气、粉尘等污染物的事实。原告王某经医院诊断为患支气管肺炎、支气管哮喘,过敏原检查提示对屋尘、狗上皮过敏,可证明其有损害的事实。因此,某机械制造公司应就其污染行为与原告的损害之间不存在因果关系承担举证责任。本案被告未举证证明原告系因其自身原因、其他原因患病,也未证明污染行为与原告的损害之间不存在因果关系,被告应当承担举证不能的责任。

相关法条

1. 《中华人民共和国民法典》第一千一百六十五条 行为人因过错侵害他人民事权益造成损害的,应当承担侵权责任。

依照法律规定推定行为人有过错,其不能证明自己没有过错的,应当承担侵权责任。

2. 《中华人民共和国民法典》第一千二百三十条 因污染环境、破坏生态发生纠纷,行为人应当就法律规定的不承担责任或者减轻责任的情形及其行为与损害之间不存在因果关系承担举证责任。

消费者因商家虚假宣传造成损害如何维权

◆（第 1165 条）◆

基本案情

原告颜某某系死者苏某某之母，原告程某某系苏某某之女。被告周某某系被告某生物公司授权保健食品经销商。苏某某与周某某相熟。某日，苏某某将其在医院检查发现身体长有肿块的情况告知周某某，周某某遂向苏某某推荐其销售的系列保健产品，并邀其参加相关产品的推介会、培训会。苏某某通过周某某提供的宣传资料及参与宣传活动后，轻信这些保健产品对其体内肿块具有治疗作用，遂通过周某某购买服用，陆续花费数万元。后苏某某自觉病情加重，经医院检查诊断为"右乳癌伴右腋下淋巴结，考虑双肺及肝脏转移"，手术后病情好转，于 2011 年 9 月 5 日出院。此后至 2012 年 12 月期间，苏某某因病灶转移先后在多家医院治疗，病情未见明显好转，于 2013 年 1 月 5 日死亡。颜某某、程某某以被告周某某、某生物公司虚假宣传为由，诉至法院，请求判令周某某与某生物公司双倍赔偿货款及赔偿原告误工费、护理费、医药费、丧葬费、死亡赔偿金、被抚养人生活费、精神损害抚慰金等。

问题描述

商家负有依法、诚信经营的义务，对产品进行宣传内容必须真实，构成虚假宣传，导致消费者财产损失的，依法应当承担虚假宣传的侵权责任，在法律规定幅度内对消费者支付赔偿金。本案的争议焦点是，商家虚假宣传造成受害人损失的，赔偿责任应当如何确定。

裁判情况

本案经过一审、二审。二审法院认为，本案被告在向受害人苏某某推销系列产品时，提供的宣传资料、图册的内容与产品说明书载明的功效不一致，违反了法律的强制性规定，其行为属虚假宣传行为。苏某某作为完全民事行为能力人，基于常人的基本辨识能力，根据产品的包装盒、瓶身及产品说明书，主观上对产品属性为"保健品"、产品功能限于"免疫调节、抗疲劳"以及"本品不能替代药物"的注意事项是知情的，其未及时寻医就诊，系其自身对所患肿瘤性质的错误预估和判断所致，在医院诊断其右乳肿块疑似恶性肿瘤时，未及时接受医疗机构诊疗，疏于关注个人生命安危，是其死亡的客观原因和主导因素。

裁判结论：本案纠纷性质为虚假广告宣传引发的财产损失赔偿纠纷，周某某、某生物公司在销售或经销系列产品过程中，违反法定义务，违规宣传案涉保健产品的功效，致使苏某某误识误信后购置产品的事实清楚，根据《中华人民共和国消费者权益保护法》第55条的规定，原告主张周某某、某生物公司按双倍货款承担赔偿责任，符合法律规定。

释法析理

《中华人民共和国民法典》第1165条第2款规定，"行为人因过错侵害他人民事权益造成损害的，应当承担侵权责任"。过错责任又称过失责任，是以行为人主观上的过错为承担民事责任的基本条件的认定责任的准则。根据国务院卫生行政部门《保健食品管理办法》第2条规定，保健食品系指表明具有特定保健功能的食品，适宜于特定人群食用，具有调节机体功能，不以治疗疾病为目的的食品。保健食品的标签、说明书和广告内容必须真实，符合其产品质量要求，不得有暗示可使疾病痊愈的宣传。《中华人民共和国食品安全法》第73条第1款规定："食品广告的内容应当真实合法，不得含有虚假内容，不得涉及疾病预防、治疗功能。食品生产经营者对食品广告内容的真实性、合法性负责。"保健食品广告应以行政主管部门核准的保健功能为准，不得更改和扩大。被告周某某在向受害人苏某某推销系列产品时提供了大量的宣传资料与图册，内容与产品说明书载明的功效不一，且不同程度地明示或暗示该系列产品具有抗菌、消炎、抗病毒、抗肿瘤、消除疾病等药理作用，违反了法律的强制性规定，其行为属虚假宣传行为，依法应当承担侵权赔偿责任。根据《中华人民共和国消费者权益保护法》第55条的规定，本案原告主张被告按双倍货款承担赔偿责任，符合法律规定。

相关法条

1. 《中华人民共和国民法典》第一千一百六十五条　行为人因过错侵害他人民事权益造成损害的，应当承担侵权责任。

依照法律规定推定行为人有过错，其不能证明自己没有过错的，应当承担侵权责任。

2. 《中华人民共和国食品安全法》第七十三条第一款　食品广告的内容应当真实合法，不得含有虚假内容，不得涉及疾病预防、治疗功能。食品生产经营者对食品广告内容的真实性、合法性负责。

3. 《中华人民共和国消费者权益保护法》第五十五条　经营者提供商品或者服务有欺诈行为的，应当按照消费者的要求增加赔偿其受到的损失，增加赔偿的金额为消费者购买商品的价款或者接受服务的费用的三倍；增加赔偿的金额不足五百元的，为五百元。法律另有规定的，依照其规定。

经营者明知商品或者服务存在缺陷，仍然向消费者提供，造成消费者或者其他受害人死亡或者健康严重损害的，受害人有权要求经营者依照本法第四十九条、第五十一条等法律规定赔偿损失，并有权要求所受损失二倍以下的惩罚性赔偿。

4.《保健食品管理办法》第二条　本办法所称保健食品系指表明具有特定保健功能的食品。即适宜于特定人群食用，具有调节机体功能，不以治疗疾病为目的的食品。

无过错责任中受害人的一般过失是否适用过失相抵

◆（第1166条）◆

基本案情

赵某受A公司邀请，乘坐两人座轻型运动飞机。该飞机起飞后不久坠地起火，包括赵某在内机上两名成员当场死亡。涉事航空器属B公司所有，未取得中国民航型号认可和生产许可证，亦未取得中国民航适航证、国籍登记证和民用航空器电台执照，该次飞行活动未申报飞行计划。该次飞行事故系一起非法飞行引发的通用航空一般飞行事故。后赵某的近亲属要求A公司、B公司及两公司实际控制人赔偿死亡赔偿金、丧葬费、被抚养人生活费以及精神损害抚慰金等。

问题描述

高度危险作业致人损害的侵权行为，适用无过错责任的归责原则。无过错责任并不排除适用过失相抵，本案的争议焦点是，受害人是否有过错，受害人有过错的情况下，是否应当减轻加害人的赔偿责任。

裁判情况

本案经过一审、二审。法院经审理认为，赵某在非法飞行事故中死亡，航空器的经营者应当承担侵权责任。B公司作为该航空器的所有者、

A公司作为此次飞行活动的参与实施者，均应当承担侵权责任。两公司的实际控制人不承担法律后果。

裁判结论：判决A公司和B公司于判决生效之日起7日内赔偿赵某近亲属丧葬费、死亡赔偿金、精神损害抚慰金，驳回原告的其他诉讼请求。

释法析理

1. 本案应当适用无过错责任的归责原则。《中华人民共和国民法典》第1166条规定："行为人造成他人民事权益损害，不论行为人有无过错，法律规定应当承担侵权责任的，依照其规定。"第1236条规定："从事高度危险作业造成他人损害的，应当承担侵权责任。"第1238条规定："民用航空器造成他人损害的，民用航空器的经营者应当承担侵权责任；但是，能够证明损害是因受害人故意造成的，不承担责任。"前述三个法律条文，第一个是关于无过错责任的一般规定，第二个是关于高度危险作业造成他人损害应当承担侵权责任的明确规定，第三个是关于民用航空器造成他人损害承担侵权责任的具体规定。因此，本案系高度危险作业引发的人身损害赔偿纠纷，应当适用无过错责任的归责原则。无过错责任的本质是不论行为人是否有过错，只要是属于法律规定应当承担侵权责任的，应当依法承担侵权责任。

2. 受害人的一般过失不适用过失相抵。根据《中华人民共和国民法典》第1238条的规定，无过错责任中的行为人能够证明损害是因受害人故意造成的，不承担责任。因此，无过错责任适用中应当考虑的一个重要问题是，受害人对损害发生是否有过失，如果有过失，则要考虑过失的大小以及是否足以免除行为人的责任。判断当事人是否具有过错应当从客观实际出发，坚持客观标准。涉事航空器系两人座轻型运动飞机，死者赵某乘坐并不超过负荷。赵某生前系某通用航空有限责任公司飞行员，其持有中国民航颁发的商用飞行执照，虽然应比普通人对于此次非法飞行可能的危害有更清楚的认知，但其登机行为本身并不增加涉事航空器坠毁的危险性，不能认定赵某属于应当预见而没有预见的过失，从其登机的行为判断，赵某抱有侥幸心理，具有轻信危险不会发生的过失。但在高度危险作业中，相对于A公司、B公司的过错而言，其过失属于一般过失。

无过错责任是不考虑加害人是否有过错，但应当考虑受害人是否有过错。在高度危险作业致人损害的侵权行为中，即使是无过错责任，也应当适用过失相抵原则。过失相抵，是指当受害人对于损害的发生或者损害结果的扩大具有过错时，依法减轻或者免除义务人的损害赔偿责任，从而公平合理地分配损害的一种制度。在适用过错责任归责原则情形下，适用过失相抵制度应当以受害人有过失为前提；在适用无过错责任归责原则情形下，须以受害人有故意或重大过失为要件，受害人有一般过失不能适用过失相抵。本案受害人赵某的登机行为仅具有一般过失，没有证据证明赵某登机后的行为与机毁人亡的结果之间存在因果关系。A、B两公司未能举证证明赵某具有自杀或自伤的故意，不具备法定免责事由，应依法承担全部赔偿责任，本案不适用过失相抵。

相关法条

1. 《中华人民共和国民法典》第一千一百六十六条　行为人造成他人民事权益损害，不论行为人有无过错，法律规定应当承担侵权责任的，依照其规定。

2. 《中华人民共和国民法典》第一千二百三十六条　从事高度危险作业造成他人损害的，应当承担侵权责任。

3. 《中华人民共和国民法典》第一千二百三十八条　民用航空器造成他人损害的，民用航空器的经营者应当承担侵权责任；但是，能够证明损害是因受害人故意造成的，不承担责任。

夫妻离婚后拥有房屋所有权的一方可以要求对方迁出吗

◆（第 1167 条）◆

基本案情

陶某甲与李某原系夫妻关系，生育一子陶某乙。系争房屋原为陶某甲与李某的夫妻共同财产，产权登记在陶某甲名下。2010 年 2 月 4 日，陶某甲与李某登记离婚，并签署自愿离婚协议书。根据离婚协议约定，陶某乙随陶某甲共同生活；系争房屋产权人为陶某甲，双方离婚后系争房屋归李某所有，陶某甲无条件协助李某办理过户相关手续等。2013 年 11 月 26 日，李某经核准登记为系争房屋的权利人。后李某向法院起诉，请求判令陶某甲、陶某乙迁出系争房屋。陶某甲、陶某乙辩称，陶某甲没有离婚证及离婚协议的原件，无法证明离婚协议的合法有效性。离婚证和离婚协议书始终在李某手里，陶某甲签署离婚协议书是李某设计的骗局，签订离婚协议的程序违法，不应支持李某要求陶某甲、陶某乙迁出系争房屋的诉请。

问题描述

夫妻离婚后，因已对原共同居住的房屋产权归属达成协议，未获得房屋产权的一方即应当根据有权一方的要求迁出该房屋。李某作为房屋所有权人，要求陶某甲、陶某乙迁出系争房屋，是通过要求陶某甲、陶某乙停止侵害的方式行使财产权。法院通过判决侵权人迁出系争房屋的方式，判令侵权人承担停止侵害、排除妨碍的侵权责任，维护所有权人的财产安全。本案讼争的焦点是，离婚协议的合法有效性。

裁判情况

本案经过一审、二审。法院经审理认为，根据陶某甲与李某签订的自愿离婚协议书，双方约定离婚后系争房屋归李某所有，该协议已发生法律效力，受法律保护。陶某甲认为，离婚协议并非其真实意思表示，但未在法定期限内向人民法院请求撤销该协议，对其认为协议无效的观点，法院不予采纳。陶某甲与李某登记离婚后，双方根据离婚协议的约定办理了系争房屋的产权变更手续，李某依法取得系争房屋的所有权。

裁判结论：判决陶某甲、陶某乙于判决生效之日起30日内，迁出系争房屋。

释法析理

根据法律规定，所有权人对自己的不动产依法享有占有、使用、收益和处分的权利，该权利具有排他性。中华人民共和国民法典规定，侵权行为危及他人人身、财产安全的，被侵权人有权请求侵权人承担停止侵害、排除妨碍、消除危险等侵权责任，是对所有权的有力保护。

当事人对自己提出的诉讼请求所依据的事实或者反驳对方诉讼请求所依据的事实，应当提供证据加以证明，但法律另有规定的除外。本案中，陶某甲诉称其没有离婚的真实意思表示，其与被上诉人李某之间的财产不应按照李某提供的离婚协议上的内容进行分割，理由是陶某甲手中没有离婚证和离婚协议。对此，一审法院在审理期间向陶某甲释明，告知其如要求撤销离婚协议，应于15日内向法院提起诉讼，如逾期未起诉，则视为放弃撤销离婚协议的权利，并在判决书中作出了充分阐述。

陶某甲如认为离婚登记程序违法，应当依据相关行政法律、法规向婚姻登记机关提出；如需要离婚证及离婚协议，则应按照相关规定，向婚姻登记机关提出申请，婚姻登记的法律效力不以陶某甲是否仍持有离婚证及离婚协议原件为依据。本案审理期间，陶某甲与李某的离婚登记依法有效，且双方当事人依据离婚协议的约定办理了系争房屋的产权移转登记手续，陶某甲亦未按照一审法院释明的期限提起撤销离婚协议的诉讼。由于负有举证证明责任的当事人未能提供证据或者证据不足以证明其事实主张，应当承担不利的后果。故陶某甲、陶某乙拒绝迁出系争房屋的理由缺乏法律依据。

相关法条

《中华人民共和国民法典》第一千一百六十七条 侵权行为危及他人人身、财产安全的，被侵权人有权请求侵权人承担停止侵害、排除妨碍、消除危险等侵权责任。

机动车号牌出借他人使用发生交通事故造成他人损害出借人如何承担责任

◆（第 1168 条）◆

基本案情

2008年11月25日5时30分许，林某某驾驶套牌的鲁F4×××货车在高速公路某段行驶时，与同向行驶的周某某驾驶的客车相撞，两车冲下路基，客车翻滚致车内乘客冯某某当场死亡。经交警部门认定，货车司机林某某负主要责任，客车司机周某某负次要责任，冯某某不负事故责任。冯某某的近亲属作为原告向法院提起诉讼，请求判令肇事者承担侵权责任。

经查肇事货车悬挂的号牌，鲁F4×××号牌在车辆管理部门登记的货车并非肇事货车，该号牌登记货车的所有人系被告A汽车运输公司，实际所有人系被告卫某平，该货车在被告B财产保险股份有限公司投保机动车第三者责任强制保险。套牌使用鲁F4×××号牌的肇事货车实际所有人为被告卫某辉，林某某系卫某辉雇用的司机。据车辆管理部门登记信息反映，鲁F4×××号牌登记货车先后15次被以损坏或灭失为由申请补领号牌和行驶证。2007年8月23日，卫某辉申请补领行驶证的申请表上有A公司的签章。事发后，A公司曾派人到交警部门处理相关事宜。审理中，卫某辉表示，卫某平对套牌事宜知情并收取套牌费，事发后卫某辉还向卫某平借用鲁F4×××号牌登记货车的保单去处理事故。

发生事故的客车的登记所有人系被告朱某某，但该车辆几经转手，实际所有人系客车驾驶人周某某。朱某某对该客车既不支配也未从该车运营中获益。被告C公司系周某某的雇主，但事发时周某某并非履行职务。该客车在D保险股份有限公司投保了机动车第三者责任强制保险。

问题描述

机动车所有人或者管理人将机动车号牌出借他人套牌使用，或者明知他人套牌使用其机动车号牌不予制止，套牌机动车发生交通事故造成他人损害的，机动车所有人或者管理人是否应当与套牌机动车所有人或者管理人承担连带责任。

裁判情况

本案经过一审、二审。法院经审理认为，机动车所有人或管理人将机动车号牌出借他人套牌使用，或者明知他人套牌使用其机动车号牌不予制止，并为其提供方便，纵容套牌机动车在公路上行驶的行为，属于出借机动车号牌给他人使用的情形，违反了中华人民共和国道路交通安全法等有关机动车管理的法律规定，增加了道路交通的危险性。套牌机动车发生交通事故造成第三人损害后，作为号牌出借人的机动车所有人同样存在过错，对于肇事套牌车一方应负的赔偿责任，号牌出借人应承担连带责任。

裁判结论：法院判决被告卫某辉、林某某赔偿原告丧葬费、精神损害抚慰金、死亡赔偿金、交通费、误工费、住宿费、被扶养人生活费和律师费396863元；被告周某某赔偿原告丧葬费、精神损害抚慰金、死亡赔偿金、交通费、误工费、住宿费、被扶养人生活费和律师费170084元；

被告 A 公司、卫某平对上述判决主文第一项赔偿义务承担连带责任；被告卫某辉、林某某、周某某对上述判决主文第一、二项的赔偿义务互负连带责任；驳回四原告的其他诉讼请求。

释法析理

根据本案交通事故责任认定，肇事货车司机林某某负事故主要责任，而卫某辉是肇事货车的实际所有人，也是林某某的雇主，故卫某辉和林某某应就本案事故损失连带承担主要赔偿责任。B 保险公司承保的鲁F4××××货车并非实际肇事货车，其也不知道鲁F4××××机动车号牌被肇事货车套牌，故 B 保险公司对本案事故不承担赔偿责任。根据交通事故责任认定，本案客车司机周某某对事故负次要责任，周某某也是该客车的实际所有人，故周某某应对本案事故损失承担次要赔偿责任。朱某某虽系该客车的登记所有人，但该客车已几经转手，朱某某既不支配该车，也未从该车运营中获益，故其对本案事故不承担责任。周某某虽受雇于 C 公司，但本案事发时周某某并非在为 C 公司履行职务，故 C 公司对本案亦不承担责任。因死者冯某某系车内人员，依法不适用机动车交通事故责任强制保险，故 D 保险股份公司对本案不承担责任。另，卫某辉和林某某一方、周某某一方虽各自应承担的责任比例有所不同，但车祸的发生系两方的共同侵权行为所致，故卫某辉、林某某对于周某某的应负责任份额，周某某对于卫某辉、林某某的应负责任份额，均应互负连带责任。

鲁F4××××货车的登记所有人 A 公司和实际所有人卫某平，明知卫某辉等人套用自己的机动车号牌而不予阻止，并提供方便，纵容套牌货车在公路上行驶，A 公司与卫某平的行为属于出借机动车号牌给他人使用的情形。套牌机动车发生交通事故造成损害，号牌出借人同样存在过错，对于肇事的套牌车一方应负的赔偿责任，号牌出借人应当承担连带责任。故 A 公司和卫某平应对卫某辉与林某某一方的赔偿责任份额承担连带责任。

📖 相关法条

《中华人民共和国民法典》第一千一百六十八条 二人以上共同实施侵权行为，造成他人损害，应当承担连带责任。

教唆、帮助他人实施侵权行为造成损害如何承担责任

◆（第1169条第1款）◆

基本案情

原告某传媒公司享有 A 电视连续剧的独占信息网络传播权，其发现被告 B 公司通过 C 流媒体点播平台实施侵犯其涉案电视连续剧信息网络传播权的行为，于是将被告起诉至法院，要求被告停止侵权并赔偿经济损失。经查，被告是一家网络流媒体技术开发与应用公司，其经营的 C 流媒体点播平台系为点播网站站长提供 P2P 加速、内容分发、播放解码和点播网站建站等技术支持。C 流媒体软件由服务器软件和客户端播放器软件两部分组成。服务器软件是一款点播网站站长使用的服务端软件，客户端播放器是普通用户用来观看本地电影、网络电影（快播服务器发布的视频）、BT 种子电影等节目的播放器，其发布的节目源可以使普通用户通过播放器使用。点播网站站长在下载安装服务器软件后，仅需四步操作即可完成部署：在目录管理新建发布目录中选择要发布的目录确认发布；导出已发布视频文件的播放链接地址；把链接地址放到网站上供用户点播；安装播放器后在线点击观看即可。点播网站站长可以自行填写"广告发布地址"，发布文件时可以添加广告发布地址，当用户用下载的播放器播放该目录文件时，在缓冲阶段会在播放器中播放该广告地址。

问题描述

侵犯著作权的行为被区分为直接侵权和间接侵权。未经著作权人许可和缺乏法律依据的情况下实施受著作权专有权利控制的行为，即构成著作权直接侵权。在通常情况下，把教唆、帮助侵权看作著作权间接侵权。B公司诱使点播网站站长发布侵权影视作品的链接地址，供快播用户点击欣赏作品，构成教唆侵权；同时，该公司还对侵权影视作品进行推荐，并设置定向链接指引，构成帮助侵权，应承担相应的法律责任。

裁判情况

本案经过一审、二审。法院经审理认为，涉案电视连续剧是由点播网站站长未经许可上传到互联网，该行为侵犯了原告对该影视作品所享有的信息网络传播权。被告对该点播网站建站、上传及传播涉案影视作品、发布广告等提供帮助，提供栏目对涉案电视剧进行编辑、推荐，并提供指向涉案电视剧的链接地址，被告在主观上存在教唆、帮助侵权的过错，应认定被告的行为侵犯了原告的信息网络传播权。

裁判结论：法院判决被告停止侵权并赔偿原告某影视公司经济损失。

释法析理

教唆和帮助侵权属于两个独立的类型化共同侵权行为。《中华人民共和国民法典》第1169条第1款规定："教唆、帮助他人实施侵权行为的，应当与行为人承担连带责任。"该规定是审理教唆、帮助侵权案件的直接法律规范依据。由于影视作品需要花费大量的人力、物力、财力才能制作完成，影视作品的著作权人为保证其投资收益，不会将其作品免费上传到互联网或提供播放种子供用户免费下载或欣赏。与之相反，本案被告B公司却故意鼓励那些没有视频经营资质的点播网站站长，通过点播服务器向用户大量上传侵权影视作品的播放链接地址，并以此获得丰厚的广告收益。被告的行为是在故意引诱点播网站站长通过 C 流媒体提供侵权影视作品的播放链接地址，通过收取广告收益而牟利。本案侵权影视作品的播放地址被该点播网站站长在 C 流媒体上发布，就是在被告的引诱下所为，应认定被告构成教唆侵权。该案被告 B 公司作为网络服务提供商，在知道或应当知道直接侵权行为的情况下，向直接侵权人提供了实质性帮助，其客观上帮助了直接侵权行为，主观上有过错，其行为是对他人著作权的侵犯，构成帮助侵权，依法应当承担教唆、帮助侵权的法律责任。

相关法条

《中华人民共和国民法典》第一千一百六十九条　教唆、帮助他人实施侵权行为的，应当与行为人承担连带责任。

教唆、帮助无民事行为能力人、限制民事行为能力人实施侵权行为的，应当承担侵权责任；该无民事行为能力人、限制民事行为能力人的监护人未尽到监护职责的，应当承担相应的责任。

成年人教唆未成年人损坏他人财物侵权责任如何承担

（第 1169 条第 2 款）

📋 基本案情

7 岁儿童小明和几个年龄相仿的小朋友在住宅小区空地上踢球玩耍，同一个小区的业主青年李某某路过，突发恶意，指着楼下停放的邻居宋某某的小轿车对孩子们说："我来看看你们谁踢球水平最高，谁在 50 米外能够踢球打中这个小汽车的后视镜，我就奖励他 10 块钱。"小朋友们好胜心切，立即被鼓动起来，争先恐后地将足球向小轿车踢过去。小明球技最好，不偏不倚击中了小轿车左后视镜，导致后视镜镜轴断裂，镜片破碎。宋某某要求小明的父母赔偿后视镜更换费 1500 元，而小明的父母认为应由教唆人李某某赔偿。双方互相推脱，宋某某索赔不成，便以小明的父母、教唆人李某某为被告，向法院提起诉讼，请求判令被告承担赔偿责任。

🔍 问题描述

与完全民事行为能力人不同，无民事行为能力人不具有侵权责任能力，其实施的侵权行为是受成年人教唆、指使所为，其在侵权事件中是教唆人侵权的工具。本案的争议焦点是，无民事行为能力人受教唆侵权，侵权赔偿责任应当如何分配。

裁判情况

本案经过一审、二审。法院经审理认为，作为具有完全民事行为能力的李某某，应当能够预见自己教唆未成年人实施侵权行为产生的后果，而故意教唆无民事行为能力的儿童实施侵权行为，致使宋某某的小轿车后视镜损坏，造成较大财产损失，按照有关法律规定，李某某应当承担侵权赔偿责任。

裁判结论：法院判决被告李某某赔偿原告宋某某 1500 元，驳回原告的其余诉讼请求。

释法析理

根据《中华人民共和国民法典》第 17 条、第 19 条、第 20 条规定，8 周岁以上的未成年人为限制民事行为能力人，不满 8 周岁的未成年人为无民事行为能力人。无民事行为能力人因智力发育、精神状态受限，不能辨认自己的行为，不具备识别侵权行为性质及其损害后果的意思能力、认识能力及行为控制能力，亦即不具备侵权责任能力，其实施的侵权行为是受成年人教唆的，则应由该成年人承担责任，其监护人未尽到监护责任的，应当承担相应的责任。

从被告李某某的主体地位看，李某某作为成年人，具有完全民事行为能力，其出于故意，教唆未成年人实施侵权行为，对自己教唆侵权的行为性质及被教唆的未成年人实施的具体侵权行为的后果，具有完全的认知。不论其动机如何，其对侵权损害后果的发生抱有希望或放任的心态。从因果关系看，李某某通过金钱利诱、语言怂恿等办法，促使无民事行为能力的儿童接受其教唆，通过踢足球击打的方式损坏了原告宋某某的财物。如果没有李某某的教唆，小明等儿童就不会实施该侵权行为，故李某某的教唆行为与侵权行为之间具有直接的因果关系。从被教唆对象看，小明等儿童均属于我国民法典明确的无民事行为能力人。按照《中华人民共和国民法典》第 1169 条第 2 款规定，教唆、帮助无民事行为能力人、限制民事行为能力人实施侵权行为的，应当承担侵权责任；该无民事行为能力人、限制民事行为能力人的监护人未尽到监护职责的，应当承担相应的责任，故本案应由教唆人李某某承担全部民事赔偿责任。

相关法条

1. 《中华人民共和国民法典》第十七条　十八周岁以上的自然人为成年人。不满十八周岁的自然人为未成年人。

2. 《中华人民共和国民法典》第十九条　八周岁以上的未成年人为限制民事行为能力人，实施民事法律行为由其法定代理人代理或者经其法定代理人同意、追认；但是，可以独立实施纯获利益的民事法律行为或者与其年龄、智力相适应的民事法律行为。

3. 《中华人民共和国民法典》第二十条　不满八周岁的未成年人为无民事行为能力人，由其法定代理人代理实施民事法律行为。

4. 《中华人民共和国民法典》第一千一百六十九条　教唆、帮助他人实施侵权行为的，应当与行为人承担连带责任。

教唆、帮助无民事行为能力人、限制民事行为能力人实施侵权行为的，应当承担侵权责任；该无民事行为能力人、限制民事行为能力人的监护人未尽到监护职责的，应当承担相应的责任。

公用下水管道堵塞溢水致楼下住户财产损害如何承担侵权责任

◆（第 1170 条）◆

📋 基本案情

原告纪某是某小区 6 幢 1 单元 101 室业主，被告封某某、孙某某、张某某分别是该单元 601 室、201 室、301 室业主。纪某于 2011 年 10 月将自家房屋装修完毕，但未入住。2012 年 9 月 5 日 17 时 14 分许，纪某发现其房屋内大量浸水，泡坏室内地板、家具等财物，随即报警并联系小区物业公司。经公安民警及物业公司工作人员检查，发现污水井上方分支管堵塞，清掏后发现有塑料纸、物品包装纸等杂物。经价格认证中心鉴定，纪某家因水浸泡导致木地板等财产损失 35410 元。经查，纪某所在 1 单元 101 室、201 室、301 室、401 室、501 室、601 室共用一个下水管道。被告封某某家于 2012 年 9 月 1 日入住 601 室，小区物业公司也于该日为 601 室提供水电；被告孙某某家于 2012 年 5 月 1 日前后入住 201 室。此外，在 2012 年 9 月 5 日之前，被告张某某家也已办理 301 室的入住手续，并且装修完毕、正常使用。401 室、501 室无人居住，现无法查明堵塞下水道的杂物出自谁家。

🔍 问题描述

本案是关于共同危险行为的责任承担的典型案例。共同危险行为，是指数人的危险行为对他人的合法权益造成了某种危险，但是对于实际造成的损害无法查明具体由何人所为，则依法应由数个行为人作为侵权行为人。

公用下水管道堵塞溢水给业主造成损害，损害结果是由该业主楼上各业主的用水行为共同造成的，因难以确定具体的侵权人，楼上各业主构成共同侵权，应承担连带赔偿责任。但是，如果楼上的业主可以举证证明其对损害结果发生不存在过错，则无须承担连带赔偿责任。受损业主可以要求其楼上各业主承担连带赔偿责任，举证责任由楼上业主承担，举证证明自身无过错的，不必承担赔偿责任。

裁判情况

本案经过一审、二审。法院经审理认为，因被告不能证明自己未实施侵权行为，依法应承担赔偿责任。原告纪某因室内浸水导致屋内财产损失共35410元，有鉴定报告、照片等证据为证，依法予以采信；对被告封某某辩称该鉴定报告不能证明其财产损失的意见，不予采信；对于被告辩称下水道被堵不能排除原告自家使用不当造成堵塞或开发商安装的下水管道不合格及物业公司未能及时定期疏通管道的可能，因被告未提供证据证明有其他责任人，不予采信。

裁判结论：法院判决原告纪某因室内家具等财产损失合计35410元，由被告封某某、孙某某、张某某连带赔偿24787元（被告封某某承担8262.33元，被告孙某某承担8262.33元，被告张某某承担8262.33元），限于本判决发生法律效力之日起10日内履行完毕；余款由原告纪某自行承担。

释法析理

公民的合法财产受法律保护。二人以上实施危及他人人身、财产安全的行为，其中一人或者数人的行为造成他人损害，能够确定具体侵权人的，由侵权人承担责任；不能确定具体侵权人的，行为人承担连带责任。本案中，原告和三被告系上下楼邻居，原告与三被告居住的房屋也共用一个下水管道，三被告已使用下水管道正常用水，大量杂物堵塞下水管道，导致住在一楼的原告家浸水并泡坏室内地板、家具等财产，因不能确定具体的侵权人，被告也不能证明自己是正常用水、未实施侵权行为，故应该由三被告对原告的财产损失承担连带赔偿责任。本案原告对其所有的房屋未尽到合理的管理义务，室内浸水未及时发现清除，造成损失扩大，其自身也有过错，且其自身亦在堵点上游，故应减轻三被告的赔偿责任。

相关法条

《中华人民共和国民法典》第一千一百七十条　二人以上实施危及他人人身、财产安全的行为，其中一人或者数人的行为造成他人损害，能够确定具体侵权人的，由侵权人承担责任；不能确定具体侵权人的，行为人承担连带责任。

两车撞倒行人后逃逸第三辆车又碾压行人如何承担侵权责任

◆（第 1171 条）◆

基本案情

2011 年 10 月 10 日 19 时左右，曾某某横穿马路时被未知名驾驶人驾驶的未知号牌货车撞倒，该车肇事后逃逸；曾某某随即又被一辆未知名驾驶人驾驶的未知号牌机动车碾压，后车亦逃逸。19 时 05 分许，彭某某驾驶自有的小型轿车（该车在 A 保险公司投保了交强险和不计免赔限额为 20 万元的商业三者险）途经事发路段时，由于刹车不及时，从躺在道路中间的曾某某胸部碾压过去。彭某某随即停车报警。19 时 21 分，医护人员到场，经现场抢救，确定曾某某已无生命体征。死亡证明书载明曾某某死亡时间为 19 时 34 分。根据交警部门现场勘验、拍照，并制作的现场图看，事发道路为双向 8 车道城市道路，道路中心由双实线分隔，事故现场附近无人行横道，路上血迹、曾某某倒地位置、彭某某驾驶的车辆均位于靠近双实线的车道内，周围无拖拉痕迹。公安机关《尸检报告》载明检验意见为："推断曾某某的死因为颅脑、胸腹部复合性损伤致死亡，建议进行尸体解剖明确致死方式。"但经彭某某与曾某某亲属协商，未进行尸体解剖。2011 年 11 月 14 日，交警部门出具《道路交通事故认定书》，以未知名驾驶人肇事后逃逸为由，确定未知名驾驶人均承担事故的全部责任；彭某某驾车未确保安全，违反了《中华人民共和国道路交通安全法》第22条第1款的规定；由于无法证实曾某某死亡是否因与彭某某所驾驶车辆相撞所致，故不能根据当事人的行为对发生交通事故所起作用及过错程度确定当事人的责任。由于未找到逃逸车辆，曾某某唯一继承人向法院起诉，请求判令彭某某、A保险公司赔偿因曾某某死亡造成的各项损失合计40万余元。

问题描述

本案先后有三辆车撞击、碾压受害人，但前两辆车未查明肇事人员及肇事车辆。本案的争议焦点是，分别侵权在何种情况下承担连带责任。

裁判情况

本案经过一审、二审。法院经审理认为，在彭某某驾车碾压曾某某之前，有未知名驾驶人先后驾车与曾某某相撞并逃逸。未知名驾驶人与彭某某虽无共同故意或共同过失，但每个人分别实施的加害行为都独立构成了对曾某某的侵权，最终造成了曾某某死亡的损害后果，该损害后果具有不可分性，且每个人的加害行为均是发生损害后果的直接原因，即每个人的行为都足以造成曾某某死亡。因此，原判根据《中华人民共和国侵权责任法》第11条①"二人以上分别实施侵权行为造成同一损害，每个人的侵权行为都足以造成全部损害的，行为人承担连带责任"规定，确定彭某某与肇事逃逸者承担连带赔偿责任并无不当。连带责任对外是一个整体责任，连带责任中的每个人都有义务对被侵权人承担全部责任。被请求承担全部责任的连带责任人，不得以自己的过错程度等为由主张只承担自己内部责任份额内的责任。在其他肇事者逃逸的情况下，曾某

---

① 现《中华人民共和国民法典》第1171条。——编者注

某的继承人作为原告，请求彭某某承担所有侵权人应当承担的全部责任，符合法律规定。

裁判结论：A保险公司于判决生效后10日内赔偿原告310212元；被告彭某某于判决生效后10日内赔偿原告8099.6元。

释法析理

本案因前两辆肇事车辆肇事后逃逸，且无法查明肇事人员及车辆，最终由肇事后未逃逸的彭某某承担侵权责任。有的人因此会认为由第三车承担全部责任不合情理，助长了"谁救谁倒霉""好人没好报"的社会心理。在案证据证明，第三辆车碾压受害人之时，受害人并未死亡，究竟哪一辆车的行为致受害人死亡无法确定。根据尸检报告、勘验笔录等证据，可以确认每一辆车的行为均足以造成受害人死亡的后果。因此，本案判决彭某某承担侵权责任是正确的。

对类似本案的情况，实践中往往有认识误区和观点分歧。有的观点认为，数名行为人的行为造成对受害人的共同损害，行为人之间具有共同过错，主观上的共同过错使各被告之间的行为结合成为一个整体，造成对受害人的同一损害，其特征符合一般共同侵权的特征，因而各行为人应负连带责任。共同侵权行为的主体须为多人，即共同侵权人须由二人以上构成；共同侵权行为的行为人之间在主观上具有共同过错，或者虽无共同故意或过失，但其侵权行为直接结合发生同一损害后果；数个共同加害人的共同行为所造成的损害是同一的，不可分割的。如果没有共同的损害结果，则不构成共同侵权行为，共同过失的共同侵权行为也是如此。共同侵权行为的法律后果，由共同行为人承担连带侵权责任。确定共同侵权行为人承担连带责任，是为了最大限度保护受害人利益，加重行为人责任，保障受害人赔偿权利实现。

本案是一种无意思联络的数人侵权行为，因为各行为人间没有任何身份关系和其他联络，甚至互不认识，不可能认识到他人行为的性质和后果，不能预见自己行为会与他人行为发生结合并造成对受害人的同一损害，是分别侵权而非共同侵权。共同侵权的，承担连带责任；分别侵权的，只有在每个人的侵权行为都足以造成全部损害时，才承担连带责任。

相关法条

《中华人民共和国民法典》第一千一百七十一条　二人以上分别实施侵权行为造成同一损害，每个人的侵权行为都足以造成全部损害的，行为人承担连带责任。

多家公司排污致鱼死亡不能确定责任大小如何承担侵权责任

◆（第 1172 条）◆

基本案情

2005年1月1日，张某某同某村村民委员会签订合同，承包该村集体管理的顺堤河本村河道长约1200米、宽约80米，计144亩养鱼，承包期从2005年1月1日起到2009年12月30日止，并约定合同到期后张某某有优先承包权。2010年延包一年，2011年度未签订承包合同。2011年8月23日，张某某发现从顺堤河自北向南流来乌黑发臭的污水，致使养殖的鱼纷纷上浮、陆续死亡，至次日144亩水面上大小鱼类全部死亡。法院从环保局调取此次水污染事故水质监测报告，并于当日从张某某养鱼的河段往上游沿着河流进行勘验至A、B、C、D四家公司所在的经济开发区。现场勘验情况表明，该四家公司排污的徐沛河通过沿河与京杭运河相通，京杭运河通过韩坝闸与顺堤河相通，再经鹿口涵洞与张某某养鱼的河段相通；四家公司厂区附近的徐沛河上有三个排污口。经资产评估公司鉴定，鉴定意见为鱼死亡损失1002742.09元。

问题描述

本案系因生产企业排放污水导致财产损害的环境污染损害赔偿纠纷案。该案有三个方面的重点问题：一是被告的排污行为与原告的财产损害的因果关系的证明；二是除了被告四家公司以外，还存在其他侵权主体的可能，对被告四家公司承担责任有何影响；三是如何确定被告的侵权责任。

裁判情况

本案经过一审、二审及再审。法院经审理认为，张某某养鱼的河段于2011年8月23日前后出现水质污染事故，所养殖的鱼类灭绝性死亡。根据原告提供的证据及原审法院调取的证据，结合法院现场勘验情况，能够确定该次污染事件的污染源来自A、B、C、D四家公司的排污行为。

裁判结论：因被告四家公司均不认可存在排放污水的行为，无法按照污染物的排放量等因素确定承担赔偿责任的大小。根据公平原则，A、B、C、D四家公司应平均承担按份赔偿责任。

释法析理

张某某作为其养殖鱼的所有权人，在其权利遭受侵害时，依据《中华人民共和国民法典》第1229条"因污染环境、破坏生态造成他人损害的，侵权人应当承担侵权责任"的规定，享有依法向污染者提起诉讼，请求损害赔偿的权利。《中华人民共和国民法典》第1230条规定："因污染环境、破坏生态发生纠纷，行为人应当就法律规定的不承担责任或者减轻责任的情形及其行为与损害之间不存在因果关系承担举证责任。"环境污染属于特殊的侵权行为，环境污染损害赔偿责任应适用无过错责任原则，此类诉讼依法实行举证责任倒置。本案有充分证据证明原告张某某养殖的鱼遭受水污染死亡，也有充分证据证明被告四家公司实施了排污行为，且被告四家公司均未提交充分证据证明其存在免责的情形，亦不能证实其行为与损害之间不存在因果关系。故对于原告因此次水质污染导致鱼类死亡事件的损失，四家公司应当承担侵权赔偿责任。

《中华人民共和国民法典》第1231条规定："两个以上侵权人污染环境、破坏生态的，承担责任的大小，根据污染物的种类、浓度、排放量，破坏生态的方式、范围、程度，以及行为对损害后果所起的作用等因素确定。"第1172条规定："二人以上分别实施侵权行为造成同一损害，能够确定责任大小的，各自承担相应的责任；难以确定责任大小的，平均承担责任。"本案中，被告四家公司均未提供有效证据证实排放污染物种类、排放量或致害参与度小于其他污染者，原审基于公允角度，酌定由四家公司平均承担按份赔偿责任，不超出合理范围，并无不当。

对于被告主张在涉案相关河流上有数百家企业存有排污可能，对原告养殖的鱼造成污染损害，但未能明确其他污染者的具体名称，亦未提供有效证据证实存有污染环境行为及与本案损害后果存有因果关系，法院对此不予采信并无不妥。即使存有其他污染者，根据民事诉讼"不告不理"的原则，原告选择对谁起诉，系其权利处分行为，法院根据原告起诉的主体进行审理并无不当，且原审在确定本案各污染者承担赔偿责任时已考虑存有其他污染者的可能并予酌减相应赔偿数额。因原告张某某在河道内从事渔业养殖未按相关规定办理养殖证，且此次污染事件的发生不能完全排除还有其他污染者，应酌情减轻被告四家公司的赔偿责任。

相关法条

1.《中华人民共和国民法典》第一千一百七十二条 二人以上分别实施侵权行为造成同一损害，能够确定责任大小的，各自承担相应的责任；难以确定责任大小的，平均承担责任。

2.《中华人民共和国民法典》第一千二百二十九条 因污染环境、

破坏生态造成他人损害的，侵权人应当承担侵权责任。

3.《中华人民共和国民法典》第一千二百三十条　因污染环境、破坏生态发生纠纷，行为人应当就法律规定的不承担责任或者减轻责任的情形及其行为与损害之间不存在因果关系承担举证责任。

4.《中华人民共和国民法典》第一千二百三十一条　两个以上侵权人污染环境、破坏生态的，承担责任的大小，根据污染物的种类、浓度、排放量，破坏生态的方式、范围、程度，以及行为对损害后果所起的作用等因素确定。

被侵权人对损害发生或者扩大有过错侵权人如何承担侵权责任
（第 1173 条）

基本案情

2019 年 4 月 20 日 16 时，在被告 A 公司上辅导班的被告陈某甲与原告赵某某因琐事发生冲突。经查看监控视频，系被告陈某甲先动手勒住原告赵某某的脖子，致其摔倒在地，但双方未发生剧烈的肢体冲突，原告也并未还手。后在走廊拐角处，原告冲上来掐住被告陈某甲的脖子，双方发生肢体冲突，被告陈某甲将原告赵某某摔倒致其受伤昏迷，被送往医院治疗。医院出具诊断的证明书载明：（1）寰枢椎半脱位；（2）颞骨骨折（左岩锥；左侧颞区硬膜外、下血肿）。原告提交的门诊病历、住院病历、诊断证明、医疗费单据、用药清单证实原告就医支出的医疗费共计 6387.38 元，被告陈某乙垫付医疗费 5000 元。

问题描述

本案系当事人双方因琐事发生冲突导致人身损害的侵权赔偿纠纷案件。该案的发生分为两个阶段：第一个阶段是被告陈某甲对原告赵某某实施人身攻击，此阶段未见赵某某有较重身体损伤；第二阶段是原告赵某某对被告陈某甲实施人身攻击，陈某甲进行反击，将赵某某摔倒致伤。本案的争议焦点是，被告陈某甲应当如何承担侵权责任，原告赵某某对自身损害的发生是否应当承担责任。

裁判情况

本案经过一审、二审。法院经审理认为，被告陈某甲首先将原告赵某某摔倒在地，在冲突停止后，原告赵某某找到被告陈某甲，用手掐在被告陈某甲脖子处，随后二人发生撕扯，陈某甲将赵某某摔倒在地致其昏迷受伤。陈某甲对赵某某实施摔倒等伤害行为，主观过错较大，被告陈某甲的行为系原告赵某某受伤的主要原因。

裁判结论：法院判决被告陈某甲、陈某乙于判决生效后5日内赔偿原告赵某某医疗费等各项损失共计47813.97元；被告A公司于本判决生效后5日内赔偿原告赵某某医疗费等各项损失共计19125.59元；驳回原告赵某某的其他诉讼请求。案件受理费减半收取1243元，由原告赵某某负担372元，被告陈某甲、陈某乙负担622元，被告A公司负担249元。鉴定费2080元，由被告陈某甲、陈某乙负担。

释法析理

通过监控视频可以看出，在第一次发生肢体冲突时，被告陈某甲先动手将原告摔倒在地后便无继续接触。后原告对被告陈某甲进行攻击，发生第二次肢体冲突。在第二次肢体冲突中，被告陈某甲将原告摔倒，致其受伤。《中华人民共和国民法典》第1173条规定："被侵权人对同一损害的发生或者扩大有过错的，可以减轻侵权人的责任。"被告陈某甲将原告赵某某摔伤系原告受伤的主要原因，应当承担原告损失的主要责任，即承担50%。被告陈某甲应当赔偿原告损失共计47813.97元（95627.93元×50%）。《中华人民共和国民法典》第1188条规定："无民事行为能力人、限制民事行为能力人造成他人损害的，由监护人承担侵权责任。监护人尽到监护职责的，可以减轻其侵权责任。"本案中，被告陈某甲系未成年人，其父母是其法定监护人，具有监护照顾孩子的义务。故被告陈某乙应对被告陈某甲的侵权行为承担赔偿责任。原告赵某某与被告陈某甲第一次肢体冲突结束后，双方并未发生撕扯，冲突已告段落。后原告又攻击陈某甲，最终导致事故的发生，原告对该事故的发生及自身人身损害后果存在明显过错。且原告父亲当时在被告 A 公司处开家长会，并未尽到监护义务，原告应当承担过错的次要责任，即承担 30%。被告 A 公司承担 20%。

相关法条

1. 《中华人民共和国民法典》第一千一百七十三条　被侵权人对同一损害的发生或者扩大有过错的，可以减轻侵权人的责任。

2. 《中华人民共和国民法典》第一千一百八十八条　无民事行为能力人、限制民事行为能力人造成他人损害的，由监护人承担侵权责任。监护人尽到监护职责的，可以减轻其侵权责任。

卧轨自杀引起人身损害责任纠纷 铁路运输企业是否承担责任

◆（第 1174 条）◆

基本案情

2013 年 2 月 11 日 21 时许，杭深线 D5455 次动车组列车（上海动车客车段 CRH2－006A/007A 号）运行至宁海站内下行线 K386＋750 米（N18 号道岔岔心）处时，与铁路线路上的田某相撞，致其死亡。交通事故认定书认为，田某系借用铁路交通工具自杀。田某的家属林某等人对事故认定结论不予认可，起诉至法院，请求上海铁路局赔偿死亡赔偿金、被扶养人生活费等共计 850859.5 元。据当时监控录像显示，2013 年 2 月 11 日 20 时 59 分 45 秒，D5455 次动车组列车灯光临近时，田某进入"宁海站下行出站咽喉甬向"球形监控装置视频范围，自三门往宁海站方向下行侧路基的水泥盖板步入杭深线 K386＋750 米处（N18 号道岔岔心），面部朝下趴卧于轨道中间枕木上，D5455 次列车驶过该处后，田某静止俯卧于轨道中间。另经公安机关事故现场勘验，该案事故现场北临宁海火车站，距离火车站中心里程约 700 米，靠近线路下行侧高路基。

问题描述

本案系一起因铁路运输企业在铁路行车事故中造成他人人身伤亡所

引发的损害赔偿纠纷。本案的争议焦点是，田某是否系故意卧轨自杀而亡，被告是否承担赔偿责任。

⚖ 裁判情况

本案经过一审、二审。法院经审理后认为，本案铁路运输过程中受害人田某的死亡后果系其故意卧轨造成，被告上海铁路局作为铁路运输企业依法不承担赔偿责任，原告关于被告因经营管理具有过错未及时救护而导致田某死亡的主张不予支持。

裁判结论：原告诉讼请求于法无据，予以驳回，案件受理费由原告负担。

⚖ 释法析理

根据法律规定，因受害人故意造成的损害，行为人不承担责任。本案铁路运输过程中受害人田某的死亡后果系其故意卧轨造成，被告上海铁路局作为铁路运输企业依法不承担赔偿责任。田某进入铁路作业区域后实施卧轨行为，其进入铁路的方式不影响责任承担。根据公安机关的勘验，且监控视频与照片相互印证事故发生后田某维持俯卧姿势直至勘验时止，故根据日常生活经验法则可推定，田某因头部创伤于事故发生时当场死亡，原告关于被告因经营管理具有过错未及时救护而导致田某死亡的主张不能成立。

《中华人民共和国铁路法》第 58 条第 1 款规定，"因铁路行车事故及其他铁路运营事故造成人身伤亡的，铁路运输企业应当承担赔偿责任；如果人身伤亡是不可抗力或者由于受害人自身的原因造成的，铁路运输企业不承担赔偿责任"。司法实践中，人民法院在审理铁路运输人身损害赔偿纠纷案件中，将受害人自身的原因明确为受害人故意卧轨、碰撞等方式。被告上海铁路局提供的涉案监控视频数据光盘和情况说明等证据，均证明死者田某在列车来临之际，自行走进轨道且面部朝下趴卧于轨道中间枕木上。同时，铁路交通事故认定书也直接认定本起铁路交通事故的原因为，田某系借用铁路交通工具自杀；事故责任认定为，田某依法负本起铁路交通事故的全部责任。因此造成田某死亡的直接原因系其在列车来临之际自行卧轨，被告上海铁路局依法不应承担田某故意卧轨而亡的赔偿责任。

相关法条

1. 《中华人民共和国民法典》第一千一百七十四条　损害是因受害人故意造成的，行为人不承担责任。

2. 《中华人民共和国铁路法》第五十八条　因铁路行车事故及其他铁路运营事故造成人身伤亡的，铁路运输企业应当承担赔偿责任；如果人身伤亡是因不可抗力或者由于受害人自身的原因造成的，铁路运输企业不承担赔偿责任。

违章通过平交道口或者人行过道，或者在铁路线路上行走、坐卧造成的人身伤亡，属于受害人自身的原因造成的人身伤亡。

动物受惊扰撞倒过路电动自行车致使骑车人受伤如何承担侵权责任

◆（第 1175 条）◆

📄 基本案情

被告姚某某在村部对面经营一商店，该商店与村部之间为一条水泥路。某日上午7时许，原告胡某某骑行电动自行车在该水泥路上由西向东行驶，经过被告姚某某商店门口时，适逢被告姚某某从其商店门口向外倒泼污水，路上的一条狗被泼到污水后受到惊吓而乱窜，撞到原告胡某某骑行的电动自行车前轮，原告摔倒受伤，经医院诊断为右侧胫骨平台骨折，住院治疗26天，花去医疗费10603.4元（含合作医疗补偿2000元）。其后经司法鉴定所鉴定，原告的伤情构成九级伤残，误工期限为受伤之日至评残前一日；护理期限为90天（住院期间2人护理，出院后1人护理）；营养期限为60天；骨折愈合后取内固定需6000元左右，二次手术一般需住院15天，1人护理，出院后休息45天。另，无法查明受惊肇事狗的所有人或管理人。

🔍 问题描述

本案系一起因第三人行为致使无人饲养或不能证明何人饲养的动物致人损害的侵权赔偿纠纷案件。本案的争议焦点是，被告泼水惊扰到狗、狗撞倒电动自行车致使他人人身伤害的行为是否存在过错以及如何确定民事赔偿责任。

裁判情况

本案经过一审、二审。法院经审理后认为，被告应当预见并且能够预见到自己的行为可能会影响到他人，但因疏于观察，违反注意义务，把水泼到狗身上，使得狗因受惊扰而撞倒原告的电动自行车，导致原告摔倒受伤，应当认定原告行为存在过错。结合被告的过错程度及因果关系参与度，可由其承担原告合理损失60%的赔偿责任。

裁判结论：法院判令被告姚某某于判决生效后10日内赔偿原告胡某某医疗费、住院伙食补助费、营养费、误工费、护理费、残疾赔偿金、交通费、鉴定费计38302.09元；驳回原告胡某某的其他诉讼请求。

释法析理

对于第三人过错致使动物造成他人损害的责任承担，《中华人民共和国民法典》第1175条规定："损害是因第三人造成的，第三人应当承担侵权责任。"第1245条进一步具体规定："饲养的动物造成他人损害的，动物饲养人或者管理人应当承担侵权责任；但是，能够证明损害是因被侵权人故意或者重大过失造成的，可以不承担或者减轻责任。"本案中，肇事狗的所有人或者管理人对原告的损害后果固然负有相应的损害赔偿责任，但鉴于无法查明肇事狗的所有人或者管理人，在此情况下，本案以动物的所有人或者管理人作为义务主体承担责任显然缺乏事实基础。经审理认定，作为第三人的被告实施的行为与原告的损害后果存在因果关系，这是被告承担侵权责任的基本前提。由于第三人承担侵权责任的基础是过错责任原则，因此本案需要进一步审查判断被告的行为是否存在过错，对此应当结合行为人的主观心理状态和客观行为综合认定。本案中，被告处在村部这一行人较多的特定公共场所，其对自身行为可能给他人造成的损害理应负有基本的善良注意义务，但被告未曾对其商店外及公共道路情况作一般的观察即向外泼水，致使在其门前活动的狗遭到水惊扰后撞倒原告的电动自行车，造成原告摔倒受伤，可认定被告行为存在过错。虽然狗的出现有一定的偶然性，但对于长期居住、生活于饲养动物现象普遍但却缺乏有效管理的农村地区的被告，并非完全不能预见到狗的出现，而正是由于被告主观上的疏于观察，才导致了本起事故的出现。故被告应承担相应的过错责任。

相关法条

1. 《中华人民共和国民法典》第一千一百七十五条　损害是因第三人造成的，第三人应当承担侵权责任。

2. 《中华人民共和国民法典》第一千二百四十五条　饲养的动物造成他人损害的，动物饲养人或者管理人应当承担侵权责任；但是，能够证明损害是因被侵权人故意或者重大过失造成的，可以不承担或者减轻责任。

结伴骑马过程中因马失控致使他人坠马摔伤如何承担侵权责任

（第 1176 条）

基本案情

费某某与周某某因共同爱好骑马而相识,并与其他骑马爱好者经常相约开展骑马运动。2014 年 10 月,周某某将其购买的马匹放置于马术俱乐部,委托他人无偿帮忙进行日常喂养。2014 年 12 月 6 日,费某某、周某某及其他骑马爱好者共同前往该马术俱乐部,费某某在骑乘周某某所有的马匹时,因马失控从马上坠落摔伤。周某某请求王某某、张某、秦某出庭作证,以证明费某某有多年的骑马经验,骑术高超,充分了解骑马运动的危险性,其骑马摔伤当日费某某坚持骑周某某的马,且不听大家劝阻坚持要外出野骑。经询问,周某某认可费某某骑马摔伤时所驾驭的马匹系其所有,称该马匹自草原买回来后放置于马术俱乐部,委托他人无偿帮忙进行日常喂养,但未与马术俱乐部建立合同关系,马匹所有权和使用权仍归属周某某本人。另查,未有马术俱乐部的工商信息登记。

问题描述

该案系一起因骑乘他人所有的马匹,因马匹失控导致骑手摔伤的侵权赔偿纠纷案件。摔伤的骑手费某某作为原告,以自己所骑乘马匹归被告周某某所有和管理为由，主张被告作为动物饲养人或者管理人，应当承担因饲养的动物造成他人损害的侵权责任。被告周某某则反驳称，费某某在骑马期间是马匹的驾驭者、指挥者、控制者，是马匹的临时管理人，该马匹已经脱离了所有人的管束和控制，所有人作为饲养人此时不存在对马匹管束不周的情形；费某某受伤非因动物的加害行为所致，而是骑马运动本身的运动风险所致，自己不应对费某某摔伤承担赔偿责任。本案的争议焦点是，所有人周某某应否对费某某骑马摔伤的后果承担相应的赔偿责任。

裁判情况

本案经过一审、二审。二审法院经审理后认为，第一，原告费某某系自愿骑乘周某某所有的马匹，作为一名具有相当骑行经验的骑手，当案涉马匹交由费某某骑乘后，该马即已脱离其所有人周某某的管束和控制，费某某则相应成为该马的实际驾驭者和管控者。故费某某不属于饲养动物致人损害中的"他人"。第二，在骑行过程中，马的奔跑速度、方向由费某某控制，骑行环境的状况也是由费某某进行判定，马在很大程度上处于费某某控制之下，费某某负有对于不特定对象包括人或物的安全保障义务；如因费某某管控不力，造成己身之外的其他损害，则可能构成饲养动物损害责任纠纷。现费某某在骑乘中因意外跌落造成自身伤害，不能被认定为"动物的加害行为"所致，不符合饲养动物损害责任的构成要件，不应适用民法典关于饲养动物致人损害的规定。原判适用法律不当，二审法院予以更正。同时，由于费某某确因骑马造成其自身伤害，故根据查明的基础法律关系，将案由由饲养动物损害责任纠纷变更为身体权纠纷。

裁判结论：驳回费某某的诉讼请求。

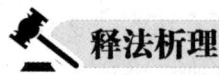
释法析理

骑马运动系一项高风险的运动，具有结果的不确定性、过程的风险性和挑战性等特征。固有风险是该项运动的组成部分，与其不可分离，尤其是野外骑行有着高度的危险性，极度考验骑手的驾驭手段和操控能力。马是动物而非机动车一样的机械，有自己的意志，其行为有时候难以预料。野外骑行时，周边错综复杂的环境及骑手的各种不适当的行为均可能对马的情绪及适应力造成影响，从而带来不特定风险。这种风险属于骑马运动本身所固有的，不可控制、无法消除。

原告费某某作为户外运动网站的注册会员，拥有两年多骑乘经验，对骑马运动本身以及该种运动所涉风险应当有着充分的认知，应当知道风险产生的原因、条件和风险产生的可能性，其直接选择了独立野外骑行，说明其本人对自己的骑乘技艺有着充分的自信，其行为符合冒险行为的明知和自愿的特点。依据查明的事实，可以认定费某某在骑乘过程中因马突然失控冲向河滩中的坡道致其摔伤，其无法证明所受伤害不是运动的固有风险造成，亦并未提供证据证明其当天骑乘之马存在重大疾病或其他极易失控的风险，故案涉马匹失控致费某某摔伤只能归因为骑马运动的固有风险。

需要明确的是，如有相对方与自甘风险之行为人存在某种基础法律关系时，基于基础法律关系使得行为人从事自甘冒险之危险行为，为了保证人的生命健康，仍然要求冒险相对人履行合理的注意义务。本案中，由于费某某借用周某某的马骑行，双方之间实际上构成了一种借用关系。周某某的注意义务在于确保所借出之马匹不存在重大疾病或其他骑马运动固有风险之外的极易失控的风险。费某某在骑马时曾有热身运动，并未发现不适合骑乘的问题，即没有证据表明案涉之马存在增加了骑马运动固有风险的问题。正式出发前，费某某曾被劝阻不要野外骑行。因周某某没有从借用马匹中谋利,其对于费某某并不负有法定或约定的安全保障义务,其应承担的有限的注意义务亦不存在履行不当之处。

📖 相关法条

《中华人民共和国民法典》第一千一百七十六条 自愿参加具有一定风险的文体活动,因其他参加者的行为受到损害的,受害人不得请求其他参加者承担侵权责任;但是,其他参加者对损害的发生有故意或者重大过失的除外。

债权人限制债务人人身自由债务人跳楼摔死责任如何承担

（第1177条）

基本案情

原告陈某丙系陈某甲的妻子，原告陈某丁系陈某甲的父亲，原告陈某戊系陈某甲的女儿。被告陈某乙因案外人刘某（陈某甲的前妻）未归还借款，曾于2013年10月8日将刘某和陈某甲诉至法院，法院审理后作出民事判决书，判令刘某和陈某甲共同偿还陈某乙的借款本金4.7万元及利息。判决生效后，陈某乙申请执行，后陈某乙与刘某在法院主持下达成执行和解。此后，陈某乙未发现过陈某甲，债权尚未实现。直到2017年9月27日晚，陈某乙与被告周某某等人在某KTV消费。其间，周某某电话邀请被告李某某来喝酒。到2017年9月28日凌晨左右，陈某乙在前台发现陈某甲等人在结账，陈某乙遂上前要求陈某甲还款。陈某甲称不欠陈某乙款。陈某乙便一边抓着陈某甲的胳膊一边拨打电话联系其丈夫即被告吴某某。周某某则报了警。随后吴某某携带前述案件相关材料来到KTV，李某某恰好也来到了KTV。其间，陈某乙电话联系之前执行案件的承办人未果。陈某甲和陈某乙等人同意到附近的派出所解决。于是，陈某乙、吴某某、李某某、周某某、陈某甲及其朋友万某某等人一起来到派出所向工作人员说明情况。工作人员称双方的经济纠纷应通过司法途径解决。双方便商定等到天亮一同到法院解决。之后，陈某乙、周某某先后离开,剩下吴某某、李某某、陈某甲和万某某在派出所。在等待天亮过程中,陈某甲两次到旁边的医院上卫生间。吴某某和李某某跟随,并在卫生间外等候。2017年9月28日早上五点左右,陈某甲给陈某丙发信息称其在派出所以及等天亮后去法院解决刘某债务的事情,并让陈某丙去找他拿钥匙将卡里的钱取出。后陈某甲第三次到医院上卫生间。吴某某和李某某在外等候,但一直不见陈某甲出来,二人便进卫生间寻找,看到陈某甲躺在卫生间窗户墙侧的楼下马路上。陈某甲经抢救无效死亡。

问题描述

该案系债权人采取自助行为以防止债务人再次隐匿逃债引起的纠纷。原告诉称,被告纠集多人将陈某甲困在KTV不让其离开,并喊来社会闲杂人等威胁陈某甲,造成其巨大精神压力和痛苦,陈某甲在又困又饿且高度惶恐、紧张、害怕的状态下为摆脱控制,加之看管他的人的疏忽,从高处坠落经抢救无效死亡,被告应当承担侵权责任。本案的争议焦点是,原告主张被告限制了陈某甲的人身自由并造成其精神压力和痛苦,以致陈某甲在摆脱被告的过程中从楼上坠落,被告则否认限制陈某甲的人身自由或造成其精神压力。

裁判情况

本案经过一审、二审。法院经审理后认为,公民的债权可以通过公力救济和自力救济两种途径实现,陈某乙的债权经过人民法院判决和执行均未得到实际清偿,后陈某乙无意间遇到债务人陈某甲,及时拨打报警电话向执行法官寻求公力救济,并拉住陈某甲胳膊要求其偿还债务。在整个过程中双方未发生过肢体冲突,陈某甲可以自由活动和收发手机信息，陈某乙的上述行为没有超过合理限度，不属于侵权行为。陈某甲上卫生间的时候，吴某某和李某某在卫生间外楼道等待，主观目的是要保证天亮后双方均能够到达法院以便解决债务问题，并非以此方式获得非法利益，该行为并未超过自力救济的合理限度，不属于侵权行为。

裁判结论：驳回原告的全部诉讼请求。

释法析理

本案属于一般侵权案件。一般侵权行为构成要素包括加害行为、过错、损害事实、加害行为与损害事实之间的因果关系，同时符合前述四要素的情况下，行为人应当承担侵权责任。从已查明的事实来看，陈某乙等人的行为并没有违反法律规定。陈某乙与陈某甲之间的债权债务关系经由生效判决确认，陈某乙向法院申请执行后，陈某甲一直未履行法定义务。时隔几年后，陈某乙与陈某甲偶然相遇，为保障债权实现，预防陈某甲再次隐匿，陈某乙扭住陈某甲，同时拨打电话寻求帮助，同行的周某某则拨打报警电话，吴某某和李某某在派出所期间时刻关注陈某甲，在陈某甲上卫生间过程中，予以跟随和在卫生间外面守候，但均未与陈某甲发生过肢体冲突。且所有行为的目的是让多年未履行还款义务又难觅踪影的债务人履行还款义务，并没有侵害陈某甲合法权益的目的和动机。从陈某甲在派出所等候期间发给陈某丙的短信可以看出，陈某甲确已与陈某乙等人达成了等到天亮后去法院解决纠纷的共识。并且派出所及旁边的医院均一直有人值班，若陈某甲认为自己的人身自由受到限制或身体、精神受到伤害或威胁，完全可以第一时间寻求保护和帮助。本案没有证据表明陈某甲有寻求保护和帮助的行为，也没有证据证明陈某甲遭受到吴某某、李某某侵害。被告不存在超出法律规范的、产生直接侵犯他人身体、导致本案后果发生的加害行为，亦无法预料到陈某甲的死亡结果。陈某乙一方的行为属于保护自身合法权益的正当行为,并未超出法定的限度,并无过错,陈某甲死亡结果与被告行为之间不存在因果关系。

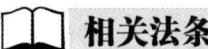 **相关法条**

《中华人民共和国民法典》第一千一百七十七条 合法权益受到侵害,情况紧迫且不能及时获得国家机关保护,不立即采取措施将使其合法权益受到难以弥补的损害的,受害人可以在保护自己合法权益的必要范围内采取扣留侵权人的财物等合理措施;但是,应当立即请求有关国家机关处理。

受害人采取的措施不当造成他人损害的,应当承担侵权责任。

被他人殴打造成人身伤害受害人可以获得哪些赔偿

（第 1179 条）

基本案情

杨某某、邓某某为某市场水果经营户，双方互为对门。一日，双方为招揽顾客发生纠纷，杨某某到邓某某店前理论，进而引发争吵厮打，邓某某将杨某某打倒在店内。杨某某家人随即拨打 110 电话报警，警察到现场进行调查和处置，杨某某被送往某市人民医院治疗。经医院诊断，杨某某鼻骨骨折、左眼睑挫伤，左颞顶部、左眶部软组织挫伤，鼻中隔偏曲，住院治疗 12 天，共花去医疗费 7900 余元，伤情鉴定意见为轻微伤。公安机关对邓某某予以行政拘留 5 日，对杨某某予以行政处罚 500 元。事后，杨某某找邓某某协商解决双方赔偿问题未果，诉至法院，请求法院判令邓某某赔偿杨某某医疗费、护理费、住院伙食补助费、误工费、营养费、交通费、精神损害费等。

问题描述

该案系一起因琐事打架致对方人身伤害引发的侵权赔偿纠纷案件。双方均承认发生争吵厮打的事实，但对具体赔偿数额有不同的意见。杨某某为证明其受伤治疗的事实和因此受到的经济损失，向法院提交了医院门诊病历、住院病案、诊断证明以及医院收费票据、交通费票据等。本案的争议焦点是，对杨某某受到的经济损失如何核定。

裁判情况

法院经审理后认为，杨某某、邓某某作为互为对门的水果店经营户，本应相互支持、相互帮助，共同营造和谐的社会环境。杨某某在找邓某某论理时，邓某某对杨某某进行殴打，致杨某某受伤住院治疗，对杨某某因此遭受的经济损失，邓某某应予赔偿。具体核定为：医疗费7100余元，护理费1800元，住院伙食补助费600元，误工费3000元，营养费300元，交通费400元。杨某某受轻微伤，不足以导致严重精神损害，故杨某某要求精神损害赔偿之请求不予支持。杨某某主动到邓某某店前理论引发争吵，在此事件中也有过错，应适当减轻邓某某的责任，因此杨某某应负20%责任，邓某某应负80%。

裁判结论：邓某某赔偿杨某某上述赔偿项目总额之80%，即8400元。

释法析理

当事人受到人身伤害后可以获得哪些经济赔偿，是当事人普遍关心的问题。根据法律规定，侵害他人造成人身损害的，应当赔偿医疗费、护理费、交通费、营养费、住院伙食补助费、误工费、残疾赔偿金、辅助器具费、丧葬费、死亡赔偿金及精神损害抚慰金。这些赔偿项目及数额的确定，是法院针对具体案情、票据证据情况及相关规定予以核定的。本案杨某某系轻微伤，不涉及残疾赔偿金、辅助器具费、丧葬费、死亡赔偿金。侵权行为造成受害人严重精神损害是受害人请求精神损害赔偿的必要条件，而本案杨某某未受到严重精神损害，因而法院未支持杨某某的精神损害赔偿请求。至于本案具体赔偿项目及数额，医疗费系依照受害人治疗发生的票据金额予以核定；护理费根据护理人员的收入状况和护理人数、护理期限确定；交通费根据受害人及其必要的陪护人员因就医或者转院治疗实际发生的费用计算，以与就医地点、时间、人数、次数相符合的正式票据为凭；营养费根据受害人伤残情况参照医疗机构的意见确定；住院伙食补助费参照当地国家机关一般工作人员的出差伙食补助标准予以确定；误工费系根据受害人的误工时间和收入状况确定。

相关法条

1.《中华人民共和国民法典》第一千一百七十三条　被侵权人对同一损害的发生或者扩大有过错的，可以减轻侵权人的责任。

2.《中华人民共和国民法典》第一千一百七十九条　侵害他人造成人身损害的，应当赔偿医疗费、护理费、交通费、营养费、住院伙食补助费等为治疗和康复支出的合理费用，以及因误工减少的收入。造成残疾的，还应当赔偿辅助器具费和残疾赔偿金；造成死亡的，还应当赔偿丧葬费和死亡赔偿金。

因同一侵权行为造成多人死亡的死亡赔偿金如何确定

◆（第 1180 条）◆

基本案情

祝某某驾驶无牌两轮摩托车，搭载高某某从 A 市美食街往 B 县方向行驶。车辆行驶至某村路段时，与丁某某驾驶的重型货车发生碰撞，造成高某某当场死亡、祝某某经抢救无效死亡和车辆损坏的交通事故。经交警部门认定，祝某某和丁某某承担事故的同等责任。丁某某驾驶的车辆在 A 市某保险公司投保交强险和第三者责任险，第三者责任险限额 150 万元。祝某某生前系 B 县农村居民，经常居住地在 A 市城区，在 A 市某饭店打工；高某某生前系 A 市城镇户口，家住 A 市，同在 A 市某饭店打工。祝某某近亲属与 A 市某保险公司就赔偿事宜发生纠纷，诉至法院，请求法院判令 A 市某保险公司按城镇标准支付死亡赔偿金等。

问题描述

该案系同一道路交通事故致农村和城镇居民多人死亡的侵权责任赔偿纠纷。根据法律规定，侵害他人造成死亡的，被侵权人应当支付受害人近亲属死亡赔偿金，并按照受诉法院所在地上一年度城镇居民人均可支配收入或者农村居民人均纯收入标准按 20 年计算。本案中，祝某某和高某某在交通事故中死亡，二人的近亲属依法可以获得死亡赔偿金。高某某系城镇居民,其死亡赔偿金按城镇居民人均可支配收入计算。祝某某系农村居民,其是否应按城镇居民人均可支配收入计算死亡赔偿金,祝某某的近亲属与 A 市某保险公司产生了分歧。本案的争议焦点是,对祝某某的死亡赔偿金是按城镇居民人均可支配收入计算,还是应该按农村居民人均纯收入标准计算。

裁判情况

本案经过一审、二审。法院经审理认为,法律规定,因同一侵权行为造成多人死亡的,可以相同数额确定死亡赔偿金。根据查明的事实,本案交通事故共造成祝某某和高某某两人死亡,高某某系城镇户口,在另案中已按城镇标准计算死亡赔偿金,祝某某虽为农村户口,但其经常居住在城市,且经济收入来源于城市打工收入,故本案以相同标准计算祝某某的死亡赔偿金,符合法律规定,予以支持。因祝某某死亡引起的死亡赔偿金按城镇居民人均可支配收入计 57 万余元,与医疗费、精神抚慰金、丧葬费等合计 660768.24 元。赔偿比例按丁某某和祝某某承担事故的同等责任计,A 市某保险公司负担 50%。

裁判结论:A 市某保险公司在交强险赔偿责任范围内赔偿 5 万余元(交强险死亡赔偿金限额 11 万元,承担 50%),余款 60 万余元在第三者责任险中赔偿 50%。

释法析理

我国城乡居民在生产生活条件、生活水平等方面存在较大差异,但随着经济社会的发展,特别是从农村进城务工的人员增多,农村居民的生产生活水平也得到了很大提高。曾经一段时期,社会上对农村和城市居民"同命不同价"的问题引发了广泛关注。这主要是因为一般情况下,我国的城镇居民人均可支配收入比农村居民人均纯收入标准高，据此计算的死亡赔偿金也存在很大差别。在同一侵权行为同时致农村和城镇居民死亡，农村居民除了户籍不同以外，长期生活的居住地、收入等方面无明显差异的情形下，如果死亡赔偿金以两个标准计算，就会产生"同命不同价"的不公平现象。为促进社会公平正义，我国于2009年通过的《中华人民共和国侵权责任法》第17条与时俱进地规定了"因同一侵权行为造成多人死亡的，可以以相同数额确定死亡赔偿金"。2020年通过的《中华人民共和国民法典》继受了这一条款。当然，我们也应该注意到，由于实践中的侵权行为复杂多样，法律规定因同一侵权行为造成多人死亡的是"可以"而不是千篇一律地以相同数额确定死亡赔偿金，具体到个案则应根据案件的具体情况进行公正裁量，以保证个案公正。

相关法条

《中华人民共和国民法典》第一千一百八十条　因同一侵权行为造成多人死亡的，可以以相同数额确定死亡赔偿金。

被侵权人的近亲属都可以请求侵权人赔偿吗

◆（第 1181 条）◆

基本案情

徐某才在某医院住院治疗期间死亡，其妻王某某于2016年死亡。徐某才和王某某系夫妻关系，两人育有一女徐某红（完全民事行为能力人）。徐某才还有一同胞兄弟徐某伟（完全民事行为能力人）。徐某才在医院死亡后，徐某红认为其父系正常死亡，未主张因医疗损害产生的任何权利。徐某伟则认为，徐某才住院最后一夜服用和注射药物后在昏睡中死亡，医院应承担医疗责任。徐某伟与医院发生纠纷协商未果后单独向法院起诉，请求法院判令医院赔偿死亡赔偿金等。

问题描述

本案系被侵权人在医院死亡后产生的医疗事故侵权赔偿责任纠纷。被侵权人死亡的，我国法律规定了其近亲属有权请求侵权人承担侵权责任，但未具体规定该请求权的主体顺位问题。诉讼中，徐某红作为第一顺位继承人，明确表示其不主张其父徐某才因医疗损害产生的任何权利，亦未委托其叔徐某伟主张任何权利。医院认为，徐某伟无诉讼主体资格，拒绝给予赔偿。本案的争议焦点是，徐某才死亡后，在其女儿徐某红不主张医疗损害赔偿权利的情况下，其胞弟徐某伟是否能够主张该权利。

裁判情况

本案经过一审、二审。法院经审理认为，被侵权人死亡所产生的死亡赔偿金、丧葬费等费用，是对其近亲属遭受的财产损害、在维持一般物质生活水平限度内的补偿，对该财产权利的享有与分配需要将死者与其近亲属的亲疏远近作为重要因素予以考量。从财产权利保护的角度来看，参照民事侵权精神损害赔偿责任的规定，即配偶、父母、子女应为第一顺位，其他近亲属为第二顺位，较为妥当。因此，在死者徐某才的女儿徐某红不主张民事权利的情况下，徐某伟作为徐某才同胞兄弟处于第二顺位，不具有原告的主体资格。

裁判结论：驳回原告徐某伟的起诉。

释法析理

因被侵权人死亡所产生的死亡赔偿金等费用，是对死者遭受的财产损害在一定范围内的赔偿，属于财产损害赔偿性质，根据法律规定死者近亲属享有请求权。但对近亲属是否同等享有该请求权，法律及司法解释均无明确规定。在继承及民事侵权精神损害赔偿相关规定中，配偶、父母、子女为第一顺位权利人，同胞兄弟姐妹等其他近亲属为第二顺位权利人。这是由于中国长期以来无论是在农村还是在城镇，通常情况下，配偶之间以及父母与子女之间的关系更加紧密。因此，本案虽是医疗事故侵权赔偿责任纠纷，不属于继承及精神损害赔偿纠纷，不能直接适用关于继承及民事侵权精神损害赔偿的有关规定，但可以参照适用其权利顺位的规定，即配偶、父母、子女为第一权利顺位，兄弟姐妹等其他为第二权利顺位。在同时有第一顺位和第二顺位近亲属的情况下，第一顺位的近亲属可以向侵权人行使请求支付死亡赔偿金等权利，第二顺位的近亲属不能主张。也就是说，只有在没有第一顺位亲属的情况下，第二顺位的近亲属才能够行使请求支付死亡赔偿金等权利。因此，本案中的徐某伟作为徐某才的同胞兄弟，系第二顺位权利人，在第一顺位权利人徐某红不主张民事权利的情况下，徐某伟不具有请求权的主体资格。

相关法条

1.《中华人民共和国民法典》第一千一百二十七条 遗产按照下列顺序继承：

（一）第一顺序：配偶、子女、父母；

（二）第二顺序：兄弟姐妹、祖父母、外祖父母。

继承开始后，由第一顺序继承人继承，第二顺序继承人不继承；没有第一顺序继承人继承的，由第二顺序继承人继承。

本编所称子女，包括婚生子女、非婚生子女、养子女和有扶养关系的继子女。

本编所称父母，包括生父母、养父母和有扶养关系的继父母。

本编所称兄弟姐妹，包括同父母的兄弟姐妹、同父异母或者同母异父的兄弟姐妹、养兄弟姐妹、有扶养关系的继兄弟姐妹。

2.《中华人民共和国民法典》第一千一百八十一条 被侵权人死亡的，其近亲属有权请求侵权人承担侵权责任。被侵权人为组织，该组织分立、合并的，承继权利的组织有权请求侵权人承担侵权责任。

被侵权人死亡的，支付被侵权人医疗费、丧葬费等合理费用的人有权请求侵权人赔偿费用，但是侵权人已经支付该费用的除外。

侵害人身权益造成财产损失赔偿数额如何计算

◆（第1182条）◆

📄 基本案情

郭某某与何某某相邻而居。一日，何某某回家时，发现郭某某用树梢将其通行的小路挡住，何某某因此与郭某某发生争吵，郭某某上前抓住何某某的衣领，何某某则用一只手抓住郭某某的一只手、另一只手在郭某某胸口掀了两下，郭某某倒在地上。郭某某当晚被其家人送往某县人民医院门诊治疗，经诊断为脑震荡，多发性软组织损伤，住院治疗26天。其间，郭某某还赴某市人民医院检查治疗。后郭某某就赔偿事宜与何某某协商未果，遂诉至法院，提出多项诉求：（1）医嘱要求其在家休息两个多月，误工期限应确定为100天，而不仅仅是住院的26天；（2）其住院期间由3人护理，其护理人数应按3人确定，护理期限应按住院28天确定；（3）住院伙食补助费按3人确定，期限按28天确定；（4）其交通费花费600元；（5）赔偿营养费及后续治疗费、精神损失费；（6）该小路是其家通行的小路，何某某先动手打人，存在主要过错。郭某某请求法院判令由何某某赔偿其医疗费、误工费、护理费、住院伙食补助费、后续治疗费、交通费、营养费、精神损害抚慰金共计3万余元。

问题描述

本案系双方当事人因邻里琐事发生厮打、致一方人身损害引发的侵权责任赔偿纠纷。本案双方当事人互相厮打，双方都有一定的过错。本案的争议焦点：一是对郭某某的误工费、住院伙食补助费、交通费如何确定；二是郭某某护理费、营养费、精神损失费是否应得到赔偿；三是双方责任承担的比例如何确定。

裁判情况

本案经过一审、二审。法院经审理认为，郭某某与何某某系邻居，在处理相邻关系时应在互谅互让的基础上协商处理，但郭某某故意阻拦通行道路挑起事端，何某某遇事不能冷静对待，双方均出言不逊，致使发生不应有的冲突，导致郭某某受伤住院。对郭某某要求何某某赔偿其医疗费应予以支持。误工费、住院伙食补助费、护理费应按实际住院天数26天予以考虑，护理人数按实际病情需要确定为1人；对其诉请的交通费，应根据实际情况酌情予以考虑；对郭某某诉请的后续治疗费，可待实际费用发生后另行起诉；对郭某某诉请的营养费、精神抚慰金，因其伤情较轻，依法不予支持。郭某某被何某某致伤并住院治疗，郭某某在该起纠纷中主动挑起事端，存在主要过错，根据双方的过错程度，结合何某某致伤并住院治疗的损害后果等因素，双方各按50%比例承担责任。

裁判结论：郭某某医疗费、误工费、住院伙食补助费、护理费、交通费等共计9000余元，由何某某赔偿4000余元，其余部分由郭某某自负。

释法析理

人身损害赔偿计算的方法直接影响当事人权益的保护。实践中,一般是按照被侵权人因此受到的损失或者侵权人因此获得的利益来确定赔偿数额,被侵权人因此受到的损失以及侵权人因此获得的利益难以确定,双方又协商不成的,则由法院根据实际情况确定赔偿数额,以彰显司法公正。

具体来看,本案中的医疗费系根据医疗票据载明的总费用确定,双方无争议。分歧较大的主要是误工费、住院伙食补助费、护理费以及交通费。根据病历载明的日期,郭某某实际住院26天而非28天,误工费、住院伙食补助费、护理费均应以26天计算,护理人数根据郭某某的伤情酌情按1人计算,因此郭某某主张其误工期限应按100天、护理人员应按3人计算无法律依据。交通费的发生及票据应与治疗、护理等有关,因此法院根据实际情况酌定为300元。关于后续治疗费,因该项费用在法院判决时未实际发生,因而法院在此次判决中未予以认定。关于营养费,郭某某未提供医院医嘱或医院证明证实其在住院期间需要加强营养,因此未获得支持;关于精神损失费,郭某某在与何某某相互厮拉、厮打中有过错,亦未构成伤残,因此也未予以支持。关于赔偿责任分担比例,从事情的经过来看,郭某某先是用树梢将通行的小路挡住,发生争吵后又主动上前抓住何某某的衣领,主动挑起事端,存在主要过错,但主要过错并不意味着需要承担人身损害的主要赔偿责任,具体应承担的赔偿责任比例还需结合被侵权人的损害后果等实际情况予以确定,因此法院最后判定双方各承担50%。

相关法条

1.《中华人民共和国民法典》第一千一百七十三条 被侵权人对同一损害的发生或者扩大有过错的,可以减轻侵权人的责任。

2. 《中华人民共和国民法典》第一千一百七十九条 侵害他人造成人身损害的，应当赔偿医疗费、护理费、交通费、营养费、住院伙食补助费等为治疗和康复支出的合理费用，以及因误工减少的收入。造成残疾的，还应当赔偿辅助器具费和残疾赔偿金；造成死亡的，还应当赔偿丧葬费和死亡赔偿金。

3. 《中华人民共和国民法典》第一千一百八十二条 侵害他人人身权益造成财产损失的，按照被侵权人因此受到的损失或者侵权人因此获得的利益赔偿；被侵权人因此受到的损失以及侵权人因此获得的利益难以确定，被侵权人和侵权人就赔偿数额协商不一致，向人民法院提起诉讼的，由人民法院根据实际情况确定赔偿数额。

减肥照片被健身教练转发微信朋友圈可以请求精神损害赔偿吗

◆（第 1183 条）◆

📄 基本案情

　　2016 年 2 月，黄某某在某健身会所办理了健身年卡，请了私人教练，支付了相关费用。大半年后，黄某某在自己的微信朋友圈分享一条内容为"本人今日从易经中悟得一枚瘦身方，现在赠予有缘人"，并附有其瘦身前后的对比照片 9 张。某健身会所员工杨某未经黄某某同意，在其微信朋友圈分享了一条信息，内容为"与其找一千个理由证明自己不是懦夫，不如用一个结果证明自己是勇士，坚持锻炼的效果！坚持的人是值得我们佩服的！赶紧加入我们吧！××××欢迎您！不要再犹豫，不要再迟疑！现在就拿起手机拨打 138×××××××杨某"，并附照片 4 张，其中 3 张系黄某某在自己微信中分享的含有其孩子、妻子的瘦身前后对比照片。黄某某的一位微信好友将杨某的该条分享信息转发给黄某某，黄某某的小孩家长群中也有人看到了黄某某的照片。黄某某知悉后致电健身会所要求立即删除其照片。后杨某将黄某某的照片全部删除。当晚，黄某某到会所进行沟通，会所表示这只是员工的个人行为，与会所无关。黄某某遂向法院起诉。

问题描述

本案系因在微信朋友圈转发他人照片侵犯肖像权、隐私权的侵权赔偿责任纠纷案件。黄某某在某健身会所瘦身锻炼，将自己瘦身前后的照片分享到朋友圈，会所的员工为销售推广，未经黄某某同意，转发了其中部分照片，侵犯了黄某某的肖像权、隐私权。事情发生之后，黄某某不愿意再去某健身会所进行锻炼。黄某某认为，某会所员工的行为给黄某某及家人带来的危害和影响极大，影响黄某某的夫妻感情，影响了孩子的生活、学习，黄某某请求法院判令某会所公开赔偿道歉、消除影响，赔偿精神损害抚慰费1万元等。本案的争议焦点是，会所对员工转发黄某某照片的行为是否应当承担侵权赔偿责任，以及黄某某是否可以主张精神损害赔偿。

裁判情况

本案经过一审、二审。法院经审理认为，黄某某在其微信朋友圈发布个人瘦身前与瘦身后的对比照片，系自主决定对其信息在一定范围内进行公开，依据一般的习惯，并不能推定黄某某同意他人转发其照片。某会所员工未经黄某某同意，擅自选取黄某某发布的含有其孩子、妻子的瘦身前后对比照片转发至其微信朋友圈，为某会所进行商业宣传推广，客观上造成黄某某信息在一定程度上传播扩散，侵犯了黄某某的肖像权及隐私权。侵害他人肖像权、隐私权等人身权益，造成他人严重精神损害的，被侵权人可以请求精神损害赔偿。

裁判结论：被告某会所赔偿黄某某精神损害抚慰金1000元等。

释法析理

肖像权和隐私权是自然人重要的人身权利。我国法律明确规定，未经肖像权人同意，不得使用肖像权人的肖像。任何组织或者个人不得以泄露、公开等方式侵害他人的隐私权。微信朋友圈不是法外之地，用户使用微信转发照片等行为依然受法律调整。

本案中，被告未经黄某某同意擅自转发黄某某的照片，并在黄某某的小孩家中微信群中扩散，侵犯了黄某某的肖像权、隐私权，对黄某某造成了严重精神损害，被侵权人有权请求精神损害赔偿。杨某在其微信朋友圈擅自转发黄某某照片，目的是对某会所进行商业宣传推广，该行为属于执行工作任务的行为，由此造成黄某某的损害应由用人单位某会所承担。至于精神损害赔偿的具体数额，则是根据侵权人的过错程度、侵权情节、侵害后果等予以综合衡量确定。本案被告对黄某某侵权行为的过错程度尚属不大，情节不是十分恶劣，后果亦非十分严重，故法院根据实际情况判定1000元的精神损害赔偿。

相关法条

1.《中华人民共和国民法典》第一千一百八十三条　侵害自然人人身权益造成严重精神损害的，被侵权人有权请求精神损害赔偿。

因故意或者重大过失侵害自然人具有人身意义的特定物造成严重精神损害的，被侵权人有权请求精神损害赔偿。

2.《中华人民共和国民法典》第一千一百九十一条　用人单位的工作人员因执行工作任务造成他人损害的，由用人单位承担侵权责任。用人单位承担侵权责任后，可以向有故意或者重大过失的工作人员追偿。

劳务派遣期间，被派遣的工作人员因执行工作任务造成他人损害的，由接受劳务派遣的用工单位承担侵权责任；劳务派遣单位有过错的，承担相应的责任。

大风刮倒大树压坏小汽车财产损失由谁来赔

◆（第1184条）◆

基本案情

一日，刘某驾驶自己的小汽车行驶至某水渠桥梓段时，突遇一阵大风，刮倒一棵大树，大树砸中刘某驾驶的小汽车。被大风刮倒的大树由某水渠管理处所有和管理。刘某将车辆送到维修厂修理，20天后车辆维修厂通知刘某取车，刘某支付维修费9万余元。其间，刘某上下班通勤等用车，主要通过乘坐出租车解决。刘某要求某水渠管理处进行赔偿，但某水渠管理处告知其须通过诉讼解决。原告遂向法院起诉，请求法院判令某水渠管理处支付车辆维修费9万余元，并给付原告交通补助费2000元。

法院审理期间，原被告双方均认可，被损坏车辆为原告所有，砸车的树属于过龄树，为被告某水渠管理处管理。

问题描述

本案系树木被大风刮倒压坏小汽车引发的财产损害赔偿纠纷案件。根据民法典的规定，因林木折断、倾倒或者果实坠落等原因造成他人损害，树木的所有人或者管理人不能证明自己没有过错的，应当承担侵权责任。被告主张事故原因主要是不可抗力造成，水渠管理处没有过错，可以给予原告一定的合理补偿。另外，在合理合法范围内，可以向保险公司申请理赔，原告所主张的费用，是原告为了车辆美观，不是车辆使用所必需的，没有这些装置，并不影响车辆正常使用以及检验。本案的争议焦点是，刘某对受损车辆进行修理发生的维修费，以及因车辆维修期间不能使用车辆而改乘出租车的费用，是否应计算为财产损失。

裁判情况

法院审理本案后认为，被告某水渠管理处作为致损树木的管理人，因树木被风刮倒导致原告方损害，被告方不能证明自己没有过错，本案的情形并非属于不能预见和避免的情况，对原告方的损失应由被告方进行赔偿。原告主张的车辆维修费用，有相关票据予以佐证，应予以支持；原告方车辆受损严重，必然影响其出行，故原告主张的替代性交通费用，酌定为1000元。

裁判结论：被告自判决生效之日起 15 日内赔偿原告刘某车辆修理 9 万余元，交通费用 1000 元。

释法析理

本案受损小汽车属于刘某的财产，其在驾驶过程中被大风刮倒的大树压坏，造成了财产损失。此时，刘某可以选择向保险公司报案赔偿，但这种方案势必会增加来年车辆投保的费率，增加购买车辆保险的成本，因此，刘某故而转向林木的所有人和管理人即某水渠管理处请求赔偿。法律对财产损失的计算有明确的规定，即侵害他人财产的，财产损失按照损失发生时的市场价格或者其他合理方式计算。

具体到本案而言，车辆损坏后的财产损失，一是车辆本身被压坏的损失；二是因车辆压坏不能正常使用造成的额外交通费用支出。对于车辆本身的损失，因压坏的车辆本身还有市场价值，且通过维修可以恢复使用，因此以维修费用来计算车辆本身的损失是合理的。关于交通费用，则是因车辆受损严重，维修期间不能正常使用车辆，被侵权人只能乘坐与小汽车相当的替代性交通工具，发生的交通费用亦属合理的赔偿范围，但原告并没有足够的证据证明其因此而支出了2000元，法院根据原告居住地与上班地点的距离、当地乘坐出租车的市场价格因素等实际情况，酌情认定交通费为1000元。

相关法条

1.《中华人民共和国民法典》第一千一百八十四条　侵害他人财产的，财产损失按照损失发生时的市场价格或者其他合理方式计算。

2.《中华人民共和国民法典》第一千二百五十七条　因林木折断、倾倒或者果实坠落等造成他人损害，林木的所有人或者管理人不能证明自己没有过错的，应当承担侵权责任。

侵犯他人商标权被侵权人可以请求惩罚性赔偿吗

（第1185条）

基本案情

2002年9月，"A"建材加工厂经某区工商行政管理局分局核准注册。2005年7月，经董某申请，国家工商行政管理总局核准文字"A"为注册商标，并颁发了商标注册证，核定使用商品（第2类）：油胶泥（腻子）；油胶泥（腻子、油灰）等。本案案发前，董某使用"A"商标经营已达十年之久，在某省内获得多项荣誉。2010年6月，徐某未经"A"商标持有人许可，开始生产、销售"A"建材牌内墙乳胶漆腻子膏。2010年12月和2014年5月，徐某先后两次分别因生产、销售"明珠A"牌腻子膏和外包装标注厂名为"某省A建材装饰材料厂"的腻子膏，被市场监督管理部门予以行政处罚。2014年8月，董某认为徐某的行为侵害了其商标专用权，且存在重复侵权、恶意侵权，故诉至某市中级人民法院，请求判令徐某赔偿董某因被侵权所造成的经济损失以及董某为制止侵权行为支出的费用等。

问题描述

本案系侵犯他人商标权引发的侵权责任赔偿纠纷。对故意侵犯商标权的行为，法律规定了惩罚性赔偿制度。本案中，徐某未经"A"商标持有人许可，生产、销售"A"品牌腻子膏或者在产品外包装上标注带有"A"字样的腻子膏，侵犯了"A"注册商标专用权，并先后两次被行政处罚，但董某未能证明其因侵权所造成损失的数额以及徐某因实施侵权行为而获取的利益，赔偿数额难以确定。本案的争议焦点是，董某是否可以请求适用法定的惩罚性赔偿制度。

裁判情况

本案经过一审、二审。一审法院判决被告赔偿原告 8000 元。二审法院审理后认为，徐某侵权行为始于 2010 年 6 月，2010 年 12 月因销售"明珠 A"牌腻子膏被行政处罚，后又将其厂名由"某市某区 C 装饰涂料厂"变更为"某市某区 A 装饰建材厂"，在产品外包装醒目位置以较大字体突出使用"A 建材"字样，并继续标注"某省 A 建材装饰材料厂"这一与真实厂名不符的虚假厂名，其侵权行为持续时间长，主观恶意明显。因董某未举证证明其因侵权受到的实际损失以及徐某因实施侵权行为而获取的利益，亦未提供其注册商标许可使用费的证据，故本案应当适用法定赔偿方式确定赔偿数额。

裁判结论：徐某赔偿董某各项经济损失及其因制止侵权的合理支出共计 5 万元。

释法析理

2001 年修正的《中华人民共和国商标法》首次在法律层面对侵犯商标权的行为规定了惩罚性赔偿制度，经 2013 年和 2019 年两次修正，对侵犯商标专用权的法定赔偿数额，已由原来的法定 50 万元以下①，分别提高到 300 万元以下②和 500 万元③以下，体现了国家逐步加大对注册商标专用权的保护力度。本案发生在 2014 年，适用的是 2013 年修正的商标法，法定赔偿最高限额是 300 万元。被告徐某未经"A"注册商标持有人许可，从 2010 年 6 月起持续侵犯"A"注册商标的专用权，并因此先后两次被工商行政管理部门行政处罚，主观恶意明显。虽然被侵权人在诉讼中未能举证证明其因侵权受到的实际损失以及徐某因实施侵权行为而获取的利益，亦未提供其注册商标许可使用费的证据，但法律赋予了司法机关法定的惩罚性赔偿自由裁量权，最终的赔偿数额从 8000 元大幅度提高到 5 万元，体现了惩罚性赔偿的立法精神。中华人民共和国民法典对该惩罚性赔偿制度予以吸收，并从商标权领域扩展到著作权、专利权等整个知识产权领域，必将有力推动解决侵犯商标权、著作权、专利权等知识产权侵权违法成本低、执法成本高的问题。

---

① 《中华人民共和国商标法》（2001 修正）第五十六条　侵犯商标专用权的赔偿数额，为侵权人在侵权期间因侵权所获得的利益，或者被侵权人在被侵权期间因被侵权所受到的损失，包括被侵权人为制止侵权行为所支付的合理开支。

前款所称侵权人因侵权所得利益，或者被侵权人因被侵权所受损失难以确定的，由人民法院根据侵权行为的情节判决给予五十万元以下的赔偿。

销售不知道是侵犯注册商标专用权的商品，能证明该商品是自己合法取得的并说明提供者的，不承担赔偿责任。

② 《中华人民共和国商标法》（2013 修正）第六十三条第三款　权利人因被侵权所受到的实际损失、侵权人因侵权所获得的利益、注册商标许可使用费难以确定的，由人民法院根据侵权行为的情节判决给予三百万元以下的赔偿。

③ 《中华人民共和国商标法》（2019 修正）第六十三条第三款　权利人因被侵权所受到的实际损失、侵权人因侵权所获得的利益、注册商标许可使用费难以确定的，由人民法院根据侵权行为的情节判决给予五百万元以下的赔偿。

相关法条

1. 《中华人民共和国民法典》第一千一百八十五条 故意侵害他人知识产权，情节严重的，被侵权人有权请求相应的惩罚性赔偿。

2. 《中华人民共和国商标法》（2019修正）第六十三条第三款 权利人因被侵权所受到的实际损失、侵权人因侵权所获得的利益、注册商标许可使用费难以确定的，由人民法院根据侵权行为的情节判决给予五百万元以下的赔偿。

受害人和行为人都没有过错时受害人的损失如何赔偿

◆（第 1186 条）◆

基本案情

李某甲、崔某及李某乙、郝某某、孙某某、张某六人均系某县老年大学学员。一日，六人约定前往邻县某山上游玩，所需费用按人支付，每人 50 元（含车费及午餐费用）。第二日清晨，六人均来到某县老年大学门口乘坐车辆，前往邻县某山上游玩。车辆行驶过程中，孙某某负责收钱，李某甲记账。到达目的地后，中午就餐的饭店老板提醒众人附近有马蜂会蜇人，六人也相互提醒要注意防范。午饭后，六人到山上游玩。在游玩过程中，李某甲、崔某被马蜂蜇伤，被送往省人民医院后因抢救无效死亡。李某甲、崔某的近亲属要求李某乙、郝某某、孙某某、张某四人及某县老干部局给予适当赔偿未果，遂将四人及某县老干部局告上法庭，请求法院判令四人及某县老年大学承担赔偿责任。

问题描述

本案系行为人相约参加户外自助游活动期间侵害生命权、健康权引发的侵权责任赔偿纠纷案件。本案中，郝某某等六人作为某县老年大学的学员，相约参加户外自助游活动，费用分摊，各成员之间无隶属、管理关系。某县老年大学没有参与组织该六人的户外自助游活动，事前、事中也不知情。在户外自助游活动过程中，李某甲、崔某被马蜂蜇伤，经医院抢救无效死亡。法律规定，侵权责任的承担，由侵权行为、损害后果、行为与损害后果之间存在因果关系、行为人有过错四个构成要件组成。本案中，被告郝某某、孙某某、张某、李某乙及某县老干部局是否应当承担侵权赔偿责任，需要考察其与李某甲、崔某的死亡后果是否存在因果关系以及是否存在过错。本案的争议焦点是，被告对李某甲、崔某因被马蜂蜇伤致死的损害是否存在因果关系和过错。

裁判情况

本案经过一审、二审。法院审理后认为，死者李某甲、崔某与被告李某乙、郝某某、孙某某、张某等人相约外出游玩，车旅费及午餐费用由各同行游玩人员各出资50元，该活动为AA制项下的户外自助游活动，参与人之间关系相互平等，不具有管理或被管理的行政隶属关系，而是一种自助、自我管理的关系，形成一个临时性、松散性的团队，各行为人之间虽有相互照顾和注意义务，但此种义务是有限的，各参与者均应对自身的安全承担最高注意义务。在知道有马蜂会蜇人的危险时，参与人员之间已经尽到提醒义务，且参与人员（包括李某甲、崔某在内）均不能预见马蜂蜇人会引起人死亡的后果，本案事故的发生实属意外事件，郝某某等人及李某甲、崔某对本案损害的发生都没有过错，但郝某某、孙某某、李某乙、张某作为临时相互自助团队的一员仍应分担民事责任，给予原告适当的经济赔偿，酌定李某乙、郝某某、孙某某、张某各支付给原告1万元为宜。原告不能证明游玩活动系某县老年大学所组织，某县老年大学与本案损害的发生无因果关系，故不应当承担赔偿责任。

裁判结论：被告李某乙、郝某某、孙某某、张某分别支付原告1万元；驳回原告的其他诉讼请求。

释法析理

我国法律规定,在受害人和行为人对损害的发生都没有过错时,可以由双方分担损失,以维护个案公平正义。但适用该法律规定是有前提条件的,其中之一是行为人的行为与损害后果之间存在因果关系。

本案中,老年大学之所以不应承担侵权赔偿责任,主要原因之一,是因为老年大学并未参与发起、组织、管理六人的自助游活动,且与李某甲、崔某在自助游活动中意外死亡的起因、发生的时间和地点等均无直接关系。六人均系完全民事行为能力人,老年大学对他们无照看管理其自助户外活动的义务,对李某甲、崔某的死亡后果也不存在过错。至于李某乙等四人,虽然对李某甲、崔某的死亡后果不存在过错,但却存在因果关系,因为如果四人没有与李某甲、崔某相约组成临时相互自助的户外游活动,李某甲、崔某就可能不会在户外游活动中被马蜂蜇伤致死。因此,法院判决由被告支付原告1万元。当然,中华人民共和国民法典对适用公平责任作了缩小性的限制,除损害后果与行为之间存在因果关系外,还需要依照法律的规定由双方分担损失。若无法律规定,则难以适用公平责任。

相关法条

《中华人民共和国民法典》第一千一百八十六条 受害人和行为人对损害的发生都没有过错的,依照法律的规定由双方分担损失。

侵权人与被侵权人之间就损害赔偿问题达成的"私了"协议受法律保护吗

◆（第 1187 条）◆

基本案情

一日，张某某酒后驾驶三轮车，闯红灯行驶时与林某某驾驶的出租车相撞，造成林某某的出租车损坏。事故发生后，林某某与张某某就出租车维修事宜达成调解协议，约定由张某某赔偿林某某车辆维修费6500元。当天，张某某给付林某某3400元，剩余3100元出具了欠条，并约定由陈某担保。2017年10月，张某某的姐姐给付林某某1000元，剩余2100元张某某、陈某至今未给付。为此，林某某于2018年1月将张某某及陈某告上法庭，请求法院判令被告赔偿剩余的车辆维修费用2100元。

问题描述

本案系道路交通事故致车辆损坏引发的侵权责任赔偿纠纷。交通事故发生后，林某某与张某某就出租车维修事宜达成了调解协议，约定由张某某赔偿林某某车辆维修费6500元。从该调解协议的实际履行情况看，约定的车辆维修费6500元是分期给付的。第一次由张某某本人给付了3400元，第二次由张某某的姐姐给付了1000元，剩余的2100元至诉讼时仍未给付。张某某在给付第一次的3400元后向林某某出具了欠条，并约定由陈某担保。本案的争议焦点，一是该调解协议和欠条及担保条款是否有效；二是保证人陈某是否应承担剩余款项的赔偿责任。

裁判情况

本案法院审理后认为，法律明确规定，损害发生后，当事人可以协商赔偿费用的支付方式。林某某与张某某发生事故后就赔偿维修费达成调解协议，由陈某提供担保。张某某应履行给付义务，林某某要求担保人陈某承担保证责任，双方未约定保证方式，依据中华人民共和国担保法的规定，当事人对保证方式没有约定或者约定不明确的，按照连带责任保证承担保证责任。① 故担保人即被告陈某对上述车辆维修赔偿款应依法承担连带偿还责任。连带责任保证的债务人在主合同规定的债务履行期届满没有履行债务的，债权人可以要求债务人履行债务，也可以要求保证人在其保证范围内承担保证责任，且该保证未超过保证期间，故林某某主张由陈某给付车辆维修费2100元理由成立，应予以支持。

裁判结论：被告陈某于本判决生效后立即给付原告林某某车辆维修费2100元。

释法析理

我国法律规定，侵权损害发生后，当事人可以协商赔偿费用的支付方式。协商不一致的，赔偿费用应当一次性支付；一次性支付确有困难的，可以分期支付，并对担保作了相关规定。

本案中，林某某与张某某就出租车维修事宜达成了调解协议，张某某当天给付了其中一部分维修费用，后出具了欠条，并约定由陈某提供保证。该调解协议、欠条及保证人条款符合法律规定，是真实、合法、有效的。至于陈某是否应承担剩余款项的赔偿责任，虽然欠条中未明确载明保证是一般保证还是连带责任保证，但根据当时担保法的规定，应

---

① 民法典对该规定已作了修改。

理解为连带责任保证①。因此，原告请求连带责任保证人承担本案剩余款项的赔偿责任于法有据。

我国法律对侵权损害发生后的赔偿费用、赔偿方式及担保等规定，是规范指引、权利确认性质的规定，充分体现了民事主体对民事权利处分的尊重和保障。现实社会生活中，也并不是所有的侵权损害赔偿责任都需要经过诉讼才能得以明确和解决。特别是对于分期支付情况下担保条款的规定，民法典已将原侵权责任法中的"应当提供相应的担保"修改为"被侵权人有权请求提供相应的担保"，意味着被侵权人可以根据实际情况决定是否要求侵权人提供相应的担保。也就是说，侵权损害发生后，受害人不仅可以就赔偿费用、支付方式与侵权行为人进行约定，而且也可以就分期支付后是否要求侵权人提供担保作出处分，更加符合社会生活实际，彰显了民事法律的权利本位。

相关法条

1.《中华人民共和国民法典》第六百八十六条　保证的方式包括一般保证和连带责任保证。

当事人在保证合同中对保证方式没有约定或者约定不明确的，按照一般保证承担保证责任。

2.《中华人民共和国民法典》第一千一百八十七条　损害发生后，当事人可以协商赔偿费用的支付方式。协商不一致的，赔偿费用应当一次性支付；一次性支付确有困难的，可以分期支付，但是被侵权人有权请求提供相应的担保。

---

① 值得注意的是，民法典对担保形式没有约定或者约定不明的担保责任认定，已将原担保法的"连带责任保证"修改为"一般保证责任"。

未成年人在校期间致人损伤谁负责
◆（第1188条）◆

基本案情

郑某某、李某某、祁某某均系某小学四年级学生，逯某某系李某某之母，柏某某系祁某某之母。某日，郑某某、李某某、祁某某和其他同学一起在校园里行走，李某某从后面用双手捂住了郑某某的面部，二人一起行走数步后，李某某将手松开，紧接着祁某某又用双手捂住了郑某某的面部，二人同时倒地，致使郑某某左上前牙断裂、露髓出血。事发后，郑某某的班主任老师及时通知了郑某某的家长，并通知李某某、祁某某的父母到学校配合治疗等后续工作。郑某某被就近送往一家牙科诊所进行紧急处理，次日转到了某医科大学附属口腔医院治疗，经诊断为L1冠根折（复杂），医生对其进行了去暂时填充物、清创等处理，并制订了保留根部牙髓、牙冠修复等长期治疗计划。后郑某某又多次前往医院复查，郑某某共计支出医疗费503.91元。郑某某以被告某小学、李某某、逯某某、祁某某、柏某某造成其身体健康损害为由，诉至法院，请求判令某小学、李某某、逯某某、祁某某、柏某某赔偿原告医疗费、交通费、营养费、精神损失费等。

问题描述

行为人因过错侵害他人民事权益造成损害的，应当承担侵权责任。

未成年人在校期间造成他人身体损害的,依法应当承担侵权责任,并赔偿受害人相应损失。本案争议的焦点为,多名未成年人在教育机构中造成他人损害的,侵权责任应当如何分配。

裁判情况

法院审理认为,郑某某受伤事故发生在校园里,系因李某某、祁某某的不当行为倒地受伤,三人所在小学在事发后积极进行相关治疗,并联系其家长进行后续处理,已尽到了管理职责,现有证据无法证实该小学存在失职之处。郑某某受伤后果系李某某、祁某某先后从背后用双手捂住郑某某的面部导致,每个行为都不足以造成全部伤害,李某某与祁某某应当承担按份侵权责任。

裁判结论:李某某、祁某某及其法定代理人应当共同赔偿由此给郑某某造成的合理损失,具体责任比例酌定为各负担50%,二人在行为时均无民事行为能力,相关赔偿责任应分别由其监护人承担。

释法析理

公民的身体健康依法受法律保护。限制民事行为能力人在学校或者其他教育机构学习、生活期间受到人身损害,学校或者其他教育机构未尽到教育、管理职责的,应当承担责任。本案中,郑某某所在学校在事故发生后积极履行管理职责,并无失职之处,依据《中华人民共和国民法典》第1200条规定,依法不承担侵权责任。无民事行为能力人、限制行为能力人造成他人损害的,由监护人承担侵权责任;监护人尽到监护责任的,可以减轻其侵权责任。本案中,李某某、祁某某为限制民事行为能力人,二人造成他人身体损害,根据《中华人民共和国民法典》第1188条规定,应当由二人的监护人承担相应侵权责任。

相关法条

1. 《中华人民共和国民法典》第一千一百八十八条　无民事行为能力人、限制民事行为能力人造成他人损害的，由监护人承担侵权责任。监护人尽到监护责任的，可以减轻其侵权责任。

有财产的无民事行为能力人、限制民事行为能力人造成他人损害的，从本人财产中支付赔偿费用；不足部分，由监护人赔偿。

2. 《中华人民共和国民法典》第一千二百条　限制民事行为能力人在学校或者其他教育机构学习、生活期间受到人身损害，学校或者其他教育机构未尽到教育、管理职责的，应当承担侵权责任。

孩子委托他人照顾过程中伤害他人应当由谁承担侵权责任

◆（第 1189 条）◆

基本案情

原告孙某甲系某幼儿园大班学生，为无民事行为能力人，其爷爷孙某乙为其监护人。被告沈某甲系某小学三年级学生，为限制行为能力人，其父亲沈某乙为其监护人。原告孙某甲与被告沈某甲长期寄住于被告丁某某家。被告丁某某利用现有家庭自住上下两层楼为场所，与其妻子一起为寄住在家里的年龄大小不等的学生提供日常食宿、接送上下学及辅导作业服务。该服务涵盖除在校期间学习生活外的其他时间，学生的吃住学都在托管班，监护人在其有时间时看望或接孩子回家过节假日。5月26日下午13时许，孙某甲与沈某甲在丁某某家中各自玩耍，沈某甲用铅笔盒当作"飞镖"朝后扔时，将孙某甲的眼睛砸伤。后丁某某将孙某甲带至私人诊所就诊，并买了眼药水给孙某甲进行涂抹，但未将该情况告知孙某甲的家人。5月28日，孙某甲的姑姑将其带回家时，发现孙某甲眼睛红肿，便带至某人民医院就诊，5月29日，孙某甲被送往南京医科大学眼科医院治疗，诊断为左眼角膜穿通伤、左眼外伤性白内障、左眼眼内炎，先后行左眼角膜穿通伤清创缝合+眼内注药术、左眼外伤障Phaco+IOL植入术、左眼人工晶体调整治疗，共住院12天。后经医院司法鉴定所鉴定：孙某甲因外伤故致左眼外伤，目前人工晶体在位的致残程度为九级；因外伤故致左眼角膜穿通伤，目前遗留角膜白斑并累及瞳孔区的致残程度为十级；孙某甲伤后护理期为60日（包括住院期间）、营养期为60日。孙某甲的经济损失分别为医疗费23648元、伤残补助金168638元（40152元/年×20年×21%）、护理费5400元（60天×90元/天）、营养费1500元（60天×25元/天）、伙食补助费540元（12天×45元/天）、交通费1000元，共计200726元。

孙某甲、沈某甲及家人未与丁某某签订书面委托监护协议。另，丁某某开设的托管班并未办理营业执照，从业人员也不具备相关从业资格。

问题描述

监护人负有保护被监护人人身权益等合法权益的法定义务。监护人无法履行监护义务，将监护职责全部或部分委托他人代为行使时，监护人的监护义务是否随之消灭，委托监护人对被监护人的侵权行为是否应当承担侵权责任。本案的争议焦点是，被监护人致他人身体损害，监护人及委托监护人的赔偿责任如何确定。

裁判情况

法院审理认为，被告丁某某以其家庭为场地、家庭成员为工作人员开设的托管班，为包括原告孙某甲、被告沈某甲等在内的学生提供食宿、接送和辅导作业等服务，孙某甲、沈某甲的监护人每月支付一定的费用，双方虽未签订书面协议，但不影响客观存在的委托托管关系成立。托管班接受家长委托，为学生提供一定的学习教育服务，对寄住在托管班的孩子负有安全、管理和教育义务。本案中，两被告间系无意思联络共同侵权，应当各自承担相应的责任，因被告沈某甲系限制民事行为能力人，故应由其监护人承担相应的责任。

裁判结论：被告丁某某赔偿原告孙某甲经济损失 200726 元的 50%，即 100363 元；被告沈某甲的监护人沈某乙赔偿原告孙某甲经济损失 200726 元的 40%，即 80290.4 元。

释法析理

监护人由于各种原因无法看护照料被监护人，委托他人照料时，其监护职责不因委托关系而转移或消灭，监护人应当做好对被监护人的看管责任，同时应履行好审查、选择受托机构的职责，为被监护人选择有资质、有人员、有监管措施的托管机构。否则，发生损害后果后，监护人应当依法承担赔偿责任。监护人为未成年人选择托管机构时，应注意对托管机构的经营条件、人员配备、管理经验等情况予以适当、合理的审查；平时也应尽可能地加强对未成年人的教育、沟通和照顾，而不能将监护、照管、保护未成年人的职责完全寄托他人行使。受托人则应妥善尽好相应管理职责，如存在未尽监护措施的过失，受托人应在过失造成损害范围内，承担相应责任。本案原告孙某甲、被告沈某甲在托管班期间，被告丁某某对两人均负有教育、管理和保护的义务。被告丁某某允许原告孙某甲、被告沈某甲在无人管理的情形下玩耍，因沈某甲的行为造成原告孙某甲眼睛受伤，且未将此事及时告诉原告孙某甲的监护人，存在一定的过错。

相关法条

1.《中华人民共和国民法典》第一千一百六十五条　行为人因过错侵害他人民事权益造成损害的，应当承担侵权责任。

依照法律规定推定行为人有过错，其不能证明自己没有过错的，应当承担侵权责任。

2.《中华人民共和国民法典》第一千一百八十八条　无民事行为能力人、限制民事行为能力人造成他人损害的，由监护人承担侵权责任。监护人尽到监护职责的，可以减轻其侵权责任。

有财产的无民事行为能力人、限制民事行为能力人造成他人损害的，从本人财产中支付赔偿费用；不足部分，由监护人赔偿。

3.《中华人民共和国民法典》第一千一百八十九条　无民事行为能力人、限制民事行为能力人造成他人损害，监护人将监护职责委托给他人的，监护人应当承担侵权责任；受托人有过错的，承担相应的责任。

酒后驾驶他人租用的车辆肇事致使车毁人伤责任如何分配

◆（第 1190 条）◆

基本案情

张某驾驶王某从某汽车租赁有限公司租用的车辆，行驶过程中，因操作不当，汽车前部与桥墩碰撞，车辆起火烧毁，车上五位乘客受伤（包括本案原告王某）。事故发生后，经公安交通管理部门调查，认定张某系醉酒后驾驶车辆，应负事故全部责任。原告王某认可事故车辆钥匙由自己保管，事故发生前因为自己喝了酒，意识不清，被告张某将车辆钥匙强行抢走并驾驶车辆导致事故发生。事故发生后，王某被送至医院进行治疗，被诊断为车祸伤、全身多处软组织损伤。王某起诉要求判令被告张某赔偿医疗费、护理费、营养费、交通费、误工费、住宿费，诉讼费由被告承担。

问题描述

机动车辆的所有人、管理人对机动车负有保管、管理等义务，机动车实际管理人对损害发生有过错的，应当承担相应侵权责任。本案的争议焦点是，车辆实际管理人在无意识情况下，将机动车交由醉酒的他人使用，发生事故，导致他人财产或者人身损害的，是否应当承担赔偿责任。

裁判情况

法院经审理认为，张某在明知自己醉酒、他人劝阻的情况下仍然驾驶车辆，导致发生交通事故，造成车辆损毁、乘客受伤，应承担本案的主要责任。王某作为完全民事行为能力人，因饮酒而未能尽到车辆管理人应尽的注意义务，应当承担本案的次要责任。

裁判结论：张某应承担70%的责任，王某应承担30%的责任，故被告张某赔偿原告王某医疗费、护理费、营养费、误工费、住宿费、交通费共计2964.5元。

释法析理

《中华人民共和国民法典》第1190条第2款规定："完全民事行为能力人因醉酒、滥用麻醉药品或者精神药品对自己的行为暂时没有意识或者失去控制造成他人损害的，应当承担侵权责任。"本案中，公安交通管理部门认定张某负此次事故的全部责任，但此责任认定系对交通事故发生原因的认定，而非民事赔偿中侵权责任承担的认定。张某作为完全民事行为能力人，在明知自己醉酒、他人劝阻的情况下仍然驾驶车辆，导致发生交通事故，造成车辆损毁、乘客受伤，应承担本案的主要责任。发生事故的车辆系王某从租赁公司处租赁，王某作为该机动车的实际管理人，在明知驾驶人张某酒后驾驶车辆的情况下，未能尽其所能阻止张某酒后驾驶行为，同时仍乘坐张某驾驶的车辆放任其酒驾行为，对交通事故的发生具有一定的原因力。王某以当时自己也喝酒并不知情进行抗辩，该抗辩没有法律依据，法院不予采信，认定王某具有一定的过错，应当承担本案的次要责任。王某作为被侵权人，对自己的损害亦有一定的过错，可以减轻张某的赔偿责任。

相关法条

《中华人民共和国民法典》第一千一百九十条　完全民事行为能力人对自己的行为暂时没有意识或者失去控制造成他人损害有过错的，应当承担侵权责任；没有过错的，根据行为人的经济状况对受害人适当补偿。

完全民事行为能力人因醉酒、滥用麻醉药品或者精神药品对自己的行为暂时没有意识或者失去控制造成他人损害的，应当承担侵权责任。

员工过失抛物致人伤残
受害人应找谁维权
◆（第 1191 条第 1 款）◆

基本案情

陈某强是广东省阳山县某手袋厂（以下简称手袋厂）的实际经营者，其租用阳山县某旅馆的一楼和四楼作为手袋厂的工作场地。2018 年 1 月 9 日，黄某燕在手袋厂四楼上班期间，将一捆半成品手袋从四楼楼梯间直接抛下一楼楼梯口，不慎砸到在该旅馆住宿旅客朱某明颈部，朱某明当场昏倒在地。朱某明随即被送往医院治疗。经鉴定，朱某明四肢瘫痪，构成一级伤残。朱某明诉至法院，要求手袋厂、陈某强及黄某燕承担连带赔偿责任。

问题描述

用人单位的工作人员因执行工作任务造成他人损害的，由用人单位承担侵权责任。员工过失抛物致人伤残，用人单位承担连带赔偿责任。本案的争议焦点为，黄某燕是否应当承担连带责任。

裁判情况

本案经过一审、二审及再审。二审法院认为，黄某燕因疏忽大意从四楼向一楼抛下半成品手袋，导致朱某明受伤致残，黄某燕的行为与朱某明受伤致残之间具有直接因果关系。黄某燕作为手袋厂员工，受经营者陈某强的雇请，在厂里从事手袋生产加工工作，将生产加工的半成品手袋从四楼运送至一楼是其工作内容，其为图省事，通过抛运方式将半成品手袋从四楼运送至一楼，属于执行工作任务。手袋厂作为用人单位、陈某强作为手袋厂实际经营者，应对朱某明的损失承担赔偿责任。

裁判结论：判决手袋厂、陈某强对朱某明承担71.5万元连带赔偿责任。

释法析理

《中华人民共和国民法典》第1191条第1款规定，"用人单位的工作人员因执行工作任务造成他人损害的，由用人单位承担侵权责任"。黄某燕作为手袋厂的工作人员，其在抛运手袋过程中因疏忽大意导致他人受伤，用人单位及其实际经营者应对他人损失承担赔偿责任。本案作为严厉打击高空抛物的典型案件，有力警醒、教育各单位和员工将高空抛物纳入"安全生产"范畴，绝不能为了"走捷径""图方便"不顾生产安全，对高空抛物行为心存侥幸。

相关法条

《中华人民共和国民法典》第一千一百九十一条　用人单位的工作人员因执行工作任务造成他人损害的，由用人单位承担侵权责任。用人单位承担侵权责任后，可以向有故意或者重大过失的工作人员追偿。

劳务派遣期间，被派遣的工作人员因执行工作任务造成他人损害的，由接受劳务派遣的用工单位承担侵权责任；劳务派遣单位有过错的，承担相应的责任。

劳务派遣人员执行工作任务造成他人损害侵权责任如何分配

◆（第 1191 条第 2 款）◆

基本案情

中国电信股份有限公司章丘分公司的前身是中国电信股份有限公司济南分公司。王某某系济南 A 信息技术有限公司派遣至中国电信股份有限公司济南分公司的员工。中国电信股份有限公司章丘分公司下属的章丘市 B 镇电信营业厅开业时租赁的房屋，租赁方是中国电信股份有限公司济南分公司，出租方为马某某。2008 年 11 月 6 日，B 镇电信营业厅指派王某某主持开业庆典，郑某某与于某某系章丘市某标牌厂雇员，受公司指派为开业庆典扎彩虹门。王某某从章丘市 B 镇 C 花炮厂代理点刘某某处购买了该厂生产的 8 箱迎宾大礼炮。2008 年 11 月 6 日 12 时燃放礼炮时，郑某某站在离燃放点 20 米左右的距离观看，被燃放的礼炮碎片崩伤。2009 年 8 月 3 日，经司法鉴定所鉴定，郑某某的伤残等级为 7 级，误工时间为伤后 90 日，护理为住院期间需 1 人护理。2009 年 5 月 27 日，郑某某以王某某、刘某某、山东省章丘市 C 花炮厂为被告，诉至法院，要求三被告连带赔偿医疗费、护理费、误工费、住院伙食补助费、残疾赔偿金、精神损害赔偿金、鉴定费等各项损失。

问题描述

劳动派遣期间，被派遣的工作人员因执行任务造成他人损害的，由接受劳务派遣的用工单位承担侵权责任。实践中，三方之间是否存在劳务派遣劳动关系以及行为人的行为是否为执行工作任务往往难以界定。本案的争议焦点为，王某某是否应当承担侵权责任。

裁判情况

本案经过一审、二审及再审。再审法院认为，郑某某系在B镇营业厅开业庆典时受伤，据王某某称该营业厅系由中国电信股份有限公司济南分公司开办，其是受中国电信股份有限公司济南分公司指派在该营业厅任班长。根据王某某再审提供的中国电信股份有限公司章丘分公司出具的证明，可以证实王某某虽是济南A信息科技有限公司员工，但其被派遣到中国电信股份有限公司章丘分公司，并驻B镇营业厅工作。根据B镇营业厅交纳房屋租赁费发票，可以证实付款方是中国电信股份有限公司济南分公司，收款方是马某某。

裁判结论：王某某与中国电信股份有限公司济南分公司是劳务派遣关系。章丘市B镇电信营业厅开业庆典燃放礼炮造成郑某某受伤，王某某作为负责人主持开业庆典，其行为是一种职务行为。在本次事故中，济南A信息技术有限公司作为劳务派遣单位没有过错，不应承担责任，中国电信股份有限公司济南分公司作为实际用工单位应当承担侵权责任。

释法析理

《中华人民共和国民法典》第1191条第2款规定，"劳动派遣期间，被派遣的工作人员因执行任务造成他人损害的，由接受劳务派遣的用工单位承担侵权责任；劳务派遣单位有过错的，承担相应的责任"。本案中，王某某提供的证据足以证明其系济南 A 信息技术有限公司派遣至中国电信股份有限公司济南分公司的工作人员，并且受单位指派为章丘市 B 镇电信营业厅主持开业典礼，其行为系职务行为，即劳务派遣期间被派遣的工作人员执行工作任务的行为，该行为造成他人损害的，应当由接受劳务派遣的用工单位承担侵权责任。济南 A 信息技术有限公司作为劳务派遣单位，在本次职务行为中无选任、培训、管理不当等过错，故不应承担责任。

相关法条

《中华人民共和国民法典》第一千一百九十一条　用人单位的工作人员因执行工作任务造成他人损害的，由用人单位承担侵权责任。用人单位承担侵权责任后，可以向有故意或者重大过失的工作人员追偿。

劳务派遣期间，被派遣的工作人员因执行工作任务造成他人损害的，由接受劳务派遣的用工单位承担侵权责任；劳务派遣单位有过错的，承担相应的责任。

提供劳务一方因劳务受到损害赔偿责任如何分配

（第 1192 条第 1 款）

基本案情

2015年8月18日，原告刘某受雇于被告梁某，到被告A公司从事胶管安装工作。同年9月16日，刘某在安装胶管时发生了地面坍塌，致使刘某从8米高的架子上摔下，随即被同事送往医院。经诊断，刘某颅脑损伤，身上多处骨折。刘某伤情经司法鉴定，鉴定意见为：（1）外伤所致急性闭合性特重型颅脑损伤，右颞顶硬膜外血肿；右颞骨以及右枕骨骨折；蛛网膜下腔出血开颅术后，脑软化灶形成，遗留左上肢肌力单瘫，构成七级伤残。（2）外伤所致急性闭合性特重型颅脑损伤，开颅术后骨缺损，构成十级伤残。经法院审理查明，2015年3月6日，被告A公司将汽车涡轮增压PA吹塑管路总成项目发包给被告B公司，被告B公司于2015年8月12日将工程消防喷淋工程分包给案外人C公司，被告刘某系C公司的总经理，该公司并无建设施工资质。

问题描述

本案系提供劳务一方在提供劳务过程中造成自己损害的损害赔偿纠纷案件。本案的争议焦点为，原告刘某与被告梁某之间是否存在雇佣关系；作为工程的发包方A公司是否存在过错，是否应当承担责任；作为承包方的 B 公司的分包行为是否符合法律规定，是否需要承担责任以及原告与三被告就本案中原告的损失所应承担的责任比例。

裁判情况

本案经过一审、二审。法院经审理认为，本案被告 A 公司将工程发包给被告 B 公司，被告 A 公司在发包过程中并无过错，因此被告 A 公司不承担责任。被告 B 公司将其承包工程中部分工程分包，B 公司作为分包人，无论 C 公司还是被告梁某均无施工资质，其对原告的损害应当承担连带赔偿责任。原告为被告梁某提供劳务，被告梁某作为接受劳务方，应当对原告的工作进行及时的监督管理，并提供必要的安全保障，原告在工作期间受到伤害，被告梁某应承担相应的赔偿责任。同时，原告自身安全意识不强，自我防范措施不当，对损害的发生也应承担一定责任，结合本案的实际案情，酌定被告梁某对原告产生的必要、合理损失承担 95% 的责任，被告 B 公司承担连带赔偿责任。

裁判结论：（1）被告梁某于本判决生效之日起 10 日内赔偿原告各项损失 305205 元，被告 B 公司承担连带赔偿责任；（2）驳回原告的其他诉讼请求。

释法析理

《中华人民共和国民法典》第 1192 条第 1 款规定："个人之间形成劳务关系，提供劳务一方因劳务造成他人损害的，由接受劳务一方承担侵权责任。接受劳务一方承担侵权责任后，可以向有故意或者重大过失的提供劳务一方追偿。提供劳务一方因劳务受到损害的，根据双方各自的过错承担相应的责任。"第 791 条第 3 款规定："禁止承包人将工程分包给不具备相应资质条件的单位。禁止分包单位将其承包的工程再分包。

建设工程主体结构的施工必须由承包人自行完成。"

本案中，原告刘某为被告梁某提供劳务，被告梁某作为接受劳务方，应当对原告的工作进行及时监督管理，并提供必要的安全保障，原告在工作期间受到伤害，被告梁某应承担相应的赔偿责任。同时，原告对自身安全意识不强，自我防范措施不当，对损害的发生也应承担一定责任。作为工程的发包方，被告A公司将汽车涡轮增压PA吹塑管路总成项目发包给被告B公司，双方签订合法有效并经备案的建设工程施工合同，被告A公司在发包过程中并无过错，因此被告A公司不应承担责任。被告B公司又将其承包工程其中部分工程分包，而无论是C公司还是被告梁某均无施工资质，对原告的损害，被告B公司应当承担连带赔偿责任。

相关法条

1. 《中华人民共和国民法典》第七百九十一条　发包人可以与总承包人订立建设工程合同，也可以分别与勘察人、设计人、施工人订立勘察、设计、施工承包合同。发包人不得将应当由一个承包人完成的建设工程支解成若干部分发包给数个承包人。

总承包人或者勘察、设计、施工承包人经发包人同意，可以将自己承包的部分工作交由第三人完成。第三人就其完成的工作成果与总承包人或者勘察、设计、施工承包人向发包人承担连带责任。承包人不得将其承包的全部建设工程转包给第三人或者将其承包的全部建设工程支解以后以分包的名义分别转包给第三人。

禁止承包人将工程分包给不具备相应资质条件的单位。禁止分包单位将其承包的工程再分包。建设工程主体结构的施工必须由承包人自行完成。

2. 《中华人民共和国民法典》第一千一百九十二条　个人之间形成劳务关系，提供劳务一方因劳务造成他人损害的，由接受劳务一方承担侵权责任。接受劳务一方承担侵权责任后，可以向有故意或者重大过失的提供劳务一方追偿。提供劳务一方因劳务受到损害的，根据双方各自的过错承担相应的责任。

提供劳务期间，因第三人的行为造成提供劳务一方损害的，提供劳务一方有权请求第三人承担侵权责任，也有权请求接受劳务一方给予补偿。接受劳务一方补偿后，可以向第三人追偿。

提供劳务一方因第三人过错造成损害接受劳务方是否担责

◆（第1192条第2款）◆

基本案情

原告张某甲和被告张某乙、张某丙均系同村村民，张某丙常年从事建筑业土建工程施工。2014年春天，张某乙从张某丙处承揽部分木工工程，其间张某甲等人跟随张某乙从事建筑施工，约定劳动报酬为100元/天，至2014年5月4日工程结束，当日下午，张某丙让张某乙为其找部分人员到该市某工地施工，劳动报酬为90元/天，张某甲等人同意次日到张某丙指定的工地施工。2014年5月5日，张某乙召集张某甲等人乘坐自己所有的小型普通客车前往工地。5时50分当车辆自西向东行至南鲁山镇芦芽村路口向北左转弯时，与沿博沂路自西向东行驶的案外人徐某某驾驶的重型普通货车相撞，造成车辆受损，小型普通客车乘员原告张某甲、吴某某等人受伤的道路交通事故，该事故经公安机关交通管理部门调查，认定张某乙驾驶机动车行至路口处左转弯时未避让直行车辆先行，应当承担事故的主要责任，徐某某驾驶机动车未确保安全驾驶，应当承担事故的次要责任。原告张某甲受伤后于当日被送往医院，诊断为蛛网膜下腔出血，左额头皮挫裂伤，下颌骨多发骨折，左肺挫伤，左侧肋骨多发骨折。后经多家医院住院治疗，并经鉴定机构鉴定，其颅脑损伤后遗留有反应稍迟钝等神经功能障碍，日常活动能力轻度受限，构成十级伤残；

多发肋骨骨折，构成十级伤残。因事故发生后，张某甲和案外人徐某某一方达成道路交通事故赔偿协议，约定徐某某及所驾车辆投保保险公司共赔偿原告医疗费、误工费、伤残赔偿金、后续治疗费等共计45000元，该款项已经支付到位。张某甲将张某乙、张某丙诉至法院，请求判令二被告赔偿相关损失。

问题描述

提供劳务的一方在乘车赶赴工作地点途中，因第三人的原因发生交通事故，导致劳务提供一方人身损害的，接受劳务一方是否应当承担赔偿责任。本案的争议焦点为，张某甲与张某丙之间是否形成劳务关系以及张某丙应否对张某甲受到的损害承担赔偿责任。

裁判情况

本案经过一审、二审。二审法院认为，本案原告张某甲与被告张某丙个人之间形成劳务关系，张某甲在乘坐张某丙安排的机动车前往张某丙指定工地途中受伤，应视为提供劳务的合理延伸，张某丙作为接受劳务一方，接受提供劳务一方为其创造的经济效益，在劳动者和接受劳务者的关系中，接受劳务者无疑享有对劳动力的支配权，也获得了对劳动者的支配权，劳动者在社会资源分配中自然处于弱者地位，故被告张某丙作为接受劳务者对原告的损害应当承担赔偿责任。张某甲与张某丙个人之间形成劳务关系，张某丙主张双方之间不存在个人劳务关系，证据不足，其作为接受劳务一方应当对张某丙在提供劳务过程中所遭受的损害承担相应的赔偿责任，张某丙在承担赔偿责任后有权向直接侵权人张某乙追偿。

裁判结论：（1）被告张某丙赔偿原告张某甲医疗费、交通费、误工费、护理费、住院伙食补助费、残疾赔偿金（含被扶养人生活费）、鉴定费；（2）被告张某丙赔偿原告张某甲精神损害抚慰金；（3）被告张某乙赔偿原告张某甲医疗费（含后续治疗费）、交通费、误工费、护理费、住院伙食补助费、残疾赔偿金（含被扶养人生活费）、鉴定费；（4）驳回原告张某甲其他诉讼请求。

释法析理

《中华人民共和国民法典》第1192条第2款规定，"提供劳务期间，因第三人的行为造成提供劳务一方损害的，提供劳务一方有权请求第三人承担侵权责任，也有权请求接受劳务一方给予补偿。接受劳务一方补偿后，可以向第三人追偿"。即提供劳务一方在提供劳务期间，因第三人的行为造成自己损害的，构成个人劳务工伤事故责任，享有向第三人的侵权责任请求权以及向接受劳务一方的补偿请求权。提供劳务一方向第三人请求赔偿，赔偿请求权实现后，对接受劳务一方的补偿请求权消灭；提供劳务一方选择向接受劳务一方行使补偿请求权时，接受劳务一方应当承担补偿责任，在承担补偿责任后，有权向造成损害的第三人进行追偿。本案中，原告张某甲要求被告张某丙承担赔偿责任于法有据，但原告张某甲的损害是基于道路交通事故所致，张某甲对交通事故的发生不存在过错，故交通事故肇事方是最终责任人，张某丙承担赔偿责任后有权向张某乙追偿。

相关法条

《中华人民共和国民法典》第一千一百九十二条　个人之间形成劳务关系，提供劳务一方因劳务造成他人损害的，由接受劳务一方承担侵权责任。接受劳务一方承担侵权责任后，可以向有故意或者重大过失的提供劳务一方追偿。提供劳务一方因劳务受到损害的，根据双方各自的过错承担相应的责任。

提供劳务期间，因第三人的行为造成提供劳务一方损害的，提供劳务一方有权请求第三人承担侵权责任，也有权请求接受劳务一方给予补偿。接受劳务一方补偿后，可以向第三人追偿。

承揽人在完成工作过程中致自己损害定作人是否承担侵权责任

◆（第 1193 条）◆

基本案情

原告邓某某与其丈夫周某某于某小商品批发市场经营窗帘店生意，该窗帘店的经营性质为个体工商户，原告邓某某系该店工商登记中载明的经营者。2013 年 3 月 23 日，被告李某甲在原告邓某某处购置窗帘，双方约定由窗帘出售方负责窗帘的制作及安装。2013 年 3 月 31 日，周某某依约到李某甲的房屋安装窗帘，因选装窗帘的房间位于涉案房屋四楼，而安装窗帘的不锈钢管长约 5 米，无法进入楼道。周某某遂在被告唐某甲、李某甲之子唐某乙的协助下，将不锈钢管从楼下递上四楼，在唐某乙于三楼阳台将钢管递给位于四楼阳台的周某某后，周某某将钢管横握准备进入四楼房间时，钢管与四楼阳台旁的高压电缆线发生触碰，周某某受电击身亡。事故发生时，被告唐某甲、李某甲及涉案原房主李某乙均不在事故现场。事故发生后，被告唐某甲向原告邓某某支付了丧葬费 5 万元。

同时查明，在唐某甲与李某乙签订购房合同时，该处房产仅为一层建筑；在受让涉案房产后，被告唐某甲及其妻子李某甲对该房产进行了加层扩建。事故发生当日，涉案房产共计四层。位于房产旁的 10KV 架空电力线路架设于唐某甲、李某甲对涉案房屋加层扩建之前。该架空电力线路一共有三根高压电线缆，该三根线缆均处于拉直紧绷状态。经市测绘研究院测量，查实距离涉案房屋最近的高压电线缆与该房屋四层阳台墙上檐事故点的水平距离为1.79米，距离涉案房屋最近的高压电线缆距离地面高度为11.4米，距离房屋二楼顶的高度为5.26米。

问题描述

承揽人上门作业时，定作人基于一般注意义务、不动产权人的注意义务和承揽合同的附随义务，同时负有提供安全工作环境，警告、制止危险行为等义务。本案的争议焦点为，唐某甲及李某甲作为定作人是否尽到警告、制止危险行为等义务，二人是否应当承担赔偿责任。

裁判情况

本案经过一审、二审及再审。再审法院认为，依照唐某甲、李某甲主观上的不作为及明知违章建筑存在高度风险又未采取基本的安全保障措施的行为，与周某某触电身亡事故的发生这一损害结果之间具有因果关系，唐某甲、李某甲应作为法定赔偿责任主体承担侵权民事赔偿责任。某供电局作为高压线路的产权人，对电力设施负有监督、检查的职责，但其既没有及时向事故发生地点的违章盖房者提示危险，也没有及时采取相关措施排除危险，未尽到管理义务，依法应对高压作业致人损害的后果承担无过错的高度危险责任。

裁判结论：唐某甲、李某甲赔偿邓某某经济损失110644.3元；某供电局赔偿邓某某经济损失共计170644.3元；驳回邓某某的其他诉讼请求。

释法析理

根据法律规定，定作人委托承揽人进行加工、定作、承揽，承揽人依照定作人的指示进行加工、定作。由于承揽人在接受定作任务后是独立完成工作，承揽人在完成承揽工作过程中，造成第三人损害或者自己损害的，定作人不承担责任。但定作人对于定作、指示有过失，或者对定作人的选任有过失的，则定作人应当承担相应赔偿责任。本案中，唐某甲、李某甲作为案涉房屋的屋主，知道房屋上方存在10KV的高压线路，存在安全隐患，在周某某从楼下递送窗帘钢管时未及时进行提醒并采取预防措施；其子唐某乙作为具备完全民事行为能力的家庭成员，虽在周某某从事危险操作行为时已予以提醒，但并未制止，且还为周某某将窗帘钢管从楼下递上四楼阳台的过程中提供帮助，未尽到安全指示义务。虽经市测绘研究院测量，查实案涉房屋四楼事故发生地点与高压线路的水平距离仍处于安全范围内，但是唐某甲、李某甲在案涉高压电力设施下加层扩建不具有建设审批手续的建筑物，导致架空电力线路保护范围明显减少，亦致使案涉房屋存在安全隐患。故案涉房屋属于违章建筑本身虽不会直接导致周某某被电击死亡，但却客观上增加了安全隐患，加大了事故发生的概率。定作人唐某甲及李某甲的定作工作本身因房屋临近高压线路而存在安全风险，且未注意到相应安全提醒义务，对周某某的损害责任存在一定过错，应当承担赔偿责任。

相关法条

《中华人民共和国民法典》第一千一百九十三条　承揽人在完成工作过程中造成第三人损害或者自己损害的，定作人不承担侵权责任。但是，定作人对定作、指示或者选任有过错的，应当承担相应的责任。

在微信"朋友圈"发布他人照片并对其人进行辱骂如何承担侵权责任

◆（第 1194 条）◆

基本案情

原告张某与被告赵某系朋友关系，2017 年 3 月 6 日晚，二人因琐事产生矛盾，张某通过微信发信息对赵某进行质问。质问过程中，双方言语不合，矛盾进一步加深，赵某便在微信信息中使用大量侮辱性言词，对张某进行辱骂。2017 年 3 月 7 日，赵某将微信中侮辱、辱骂张某的言语并附上张某的照片发到了自己的微信朋友圈，引起了朋友圈大量关注，其中与张某相识的朋友便联系张某询问缘由，张某夫妻之间也因此产生嫌隙。2017 年 3 月 8 日，张某约赵某私下协商解决纠纷未果，后经当地派出所出警解决亦未果，该事件给张某的生活、工作带来了巨大压力。张某遂起诉至法院。

问题描述

网络不是法外之地，网络用户利用网络侵害他人合法权益的，应当承担侵权责任。本案的争议焦点为，赵某在微信朋友圈发布辱骂、侮辱张某的行为是否构成损害名誉权。

裁判情况

本案经过一审、二审。二审法院认为，张某与赵某为朋友关系，赵某如对张某有意见可通过正当方式予以劝诫。赵某在微信朋友圈发布辱骂、侮辱性言论并附上张某照片，在朋友圈内引起了朋友的广泛关注，客观上影响了张某的社会评价，亦在微信朋友圈中对张某产生不良影响，损害了张某的名誉，应当认定赵某侵害了张某的名誉权。公民的名誉权受到侵害，有权要求停止侵害、恢复名誉、消除影响、赔礼道歉，并可以要求赔偿损失。侵害他人人身权益，造成他人严重精神损害的，被侵权人可以请求精神损害赔偿。

裁判结论：判令赵某于判决生效后7日内停止对张某的侵害行为，删除其朋友圈内的辱骂、侮辱性言论及所附上的张某的照片；在其朋友圈内发布向张某的道歉函，发布天数不少于3天；赔偿张某精神损害抚慰金5000元。

释法析理

随着微信使用的普及，朋友圈已成为人们网上社交的重要场所，人们在享受互联网社交便利的同时，应当依法谨慎行使自己的权利。微信用户有权在其朋友圈内正当、合法地表达观点或发表评论，微信聊天记录、朋友圈发布内容可在诉讼中作为证据使用。本案中，赵某在朋友圈内对原告张某发表辱骂、侮辱性言论并附上照片，通过朋友圈分享来侵害他人名誉权，使得张某社会评价降低，给张某工作、生活带来不良影响，造成了一定精神损害，造成损害的严重程度也是可以认定的，可以适用精神损害赔偿责任。本案判决赵某的行为构成名誉侵权并依法承担不利后果，一方面明确了微信朋友圈作为网络空间并非"法外之地"，应当严格遵守现实生活中的法律和道德底线；另一方面引导广大微信用户文明、有度的发表言论，依法谨慎行使言论自由权。

相关法条

1. 《中华人民共和国民法典》第一千零二十四条　民事主体享有名誉权。任何组织或者个人不得以侮辱、诽谤等方式侵害他人的名誉权。

名誉是对民事主体的品德、声望、才能、信用等的社会评价。

2. 《中华人民共和国民法典》第一千一百八十三条　侵害自然人人身权益造成严重精神损害的，被侵权人有权请求精神损害赔偿。

因故意或者重大过失侵害自然人具有人身意义的特定物造成严重精神损害的，被侵权人有权请求精神损害赔偿。

3. 《中华人民共和国民法典》第一千一百九十四条　网络用户、网络服务提供者利用网络侵害他人民事权益的，应当承担侵权责任。法律另有规定的，依照其规定。

网络服务提供者未及时删除侵权信息如何承担侵权责任

(第 1195 条)

基本案情

原告上海某娱乐信息科技有限公司享有《斗破苍穹》《凡人修仙传》《卡徒》《近身保镖》《天王》5部小说（以下简称涉讼作品）的复制权、信息网络传播权等著作权。为了维权的需要，涉讼作品的作者还确认由原告行使维权的权利。被告北京百度网讯科技有限公司（以下简称百度公司）是 www.baidu.com 搜索服务网站的经营者。百度公司提供的百度（www.baidu.com）搜索服务长期以来大量公开提供原告拥有独家信息网络传播权的涉讼作品的侵权盗版链接。原告于2009年至2010年间多次与被告百度公司沟通，并以附有涉讼作品版权证明及盗链地址的法务函通知被告百度公司，要求其对原告依法发出的删除通知在24小时内予以响应并删除相应侵权链接，对原告提供侵权链接信息的删除结果进行逐条反馈，根据原告提供侵权链接示范、作品名、作者名，对特定网站内的侵权信息进行检索和全部删除。但百度公司明知涉讼作品的信息网络传播权仅归属于原告及侵权链接的状况，未及时删除原告通知的侵权信息或断开链接。原告遂提起诉讼，请求法院依法判令被告百度公司立即停止侵权，立即删除百度网中与《斗破苍穹》《凡人修仙传》《卡徒》《近身保镖》《天王》5部小说相关的盗版链接及盗版内容并承担相应侵权责任。

问题描述

在网络侵权中，除了直接侵权的网络用户需承担责任外，网络服务提供者也因其在明知或应知网络用户存在侵权行为而不采取必要措施，造成损害进一步扩大的情况下，承担相应侵权责任。本案争议的焦点为，百度公司作为网络服务提供者，是否可以适用"避风港"规则免除侵权责任。

裁判情况

本案一审法院作出判决后，被告百度公司不服提起上诉，后在二审审理期间撤回上诉。一审法院认为，百度公司作为网络服务商为服务对象提供搜索和链接服务，原告法务函使被告百度公司知道涉讼作品的权属及侵权链接的状况，但被告百度公司并未按照《信息网络传播权保护条例》第23条的规定，在接到权利人的通知书后立即删除涉嫌侵权的作品、表演、录音录像制品，或者断开与涉嫌侵权的作品、表演、录音录像制品的链接，故其不具备免除赔偿责任的条件。被告百度公司的不作为主观上具有帮助他人侵权的故意，客观上扩大了侵权行为的损害后果，其行为应当构成间接侵权，应当对损害的扩大部分与直接侵权的网络用户承担连带责任。

裁判结论：(1) 被告北京百度网讯科技有限公司自本判决生效之日起立即停止对原告上海某娱乐信息科技有限公司享有著作权的《斗破苍穹》《凡人修仙传》《卡徒》《近身保镖》《天王》5部作品的信息网络传播权的侵权行为；(2) 被告北京百度网讯科技有限公司自本判决生效之日起10日内赔偿原告经济损失人民币50万元以及合理费用人民币44500元。

释法析理

根据《中华人民共和国民法典》第 1195 条规定，认为侵害自己合法权益的权利人，有权通知网络服务提供者采取删除、屏蔽、断开链接等必要措施。网络服务提供者在接到通知后，应及时将该通知转送相关网络用户，并根据构成侵权的初步证据和服务类型采取必要措施。网络服务提供者在接到通知后，未及时采取必要措施的，对损害扩大部分与该直接侵权的网络用户承担连带责任。本案中，原告作为权利人向被告百度公司送达的通知删除法务函完全符合《信息网络传播权保护条例》第 14 条的规定，通知中包括了原告情况、联系方式和地址；要求删除或者断开链接的侵权作品的名称和网络地址；构成侵权的初步证明材料，明确原告从未许可第三方通过互联网向公众传播涉讼作品，任何未经原告许可在网站上发布的涉讼作品的内容均为侵权内容，可以推定原告法务函使被告百度公司知道涉讼作品的权属及侵权链接的状况。但被告百度公司并未按照《信息网络传播权保护条例》第 23 条的规定，在接到权利人的通知书后立即删除涉嫌侵权的作品、表演、录音录像制品，或者断开与涉嫌侵权的作品、表演、录音录像制品的链接，故其不具备免除赔偿责任的条件。被告百度公司的不作为主观上具有帮助他人侵权的故意，客观上扩大了侵权行为的损害后果，其行为构成间接侵权，应当对损害的扩大部分与直接侵权的网络用户承担连带责任。此外，百度公司直接、完整地将涉讼作品放置在其服务器上，由用户以点击小说搜索方式向用户提供涉讼作品，该行为属于复制和上载作品的行为，并通过网络进行传播，构成直接侵权。

通过本案审判，明确了网络服务提供商"避风港"规则的适用前提——网络服务商必须"不知道也没有合理的理由应当知道"盗版的存在；百度公司在无线频道提供作品的行为构成直接侵权，从法律和技术层面详细分析了搜索服务和提供作品行为之间的实质性区别,在促进技术进步和维持权利人权利、鼓励创新之间寻求了一个合理的平衡,对互联网企业,特别是那些版权意识较差的资源分享网站起到一个震慑的作用,以维护网络版权的良好环境。

相关法条

1. 《中华人民共和国民法典》第一千一百九十五条　网络用户利用网络服务实施侵权行为的,权利人有权通知网络服务提供者采取删除、屏蔽、断开链接等必要措施。通知应当包括构成侵权的初步证据及权利人的真实身份信息。

网络服务提供者接到通知后,应当及时将该通知转送相关网络用户,并根据构成侵权的初步证据和服务类型采取必要措施;未及时采取必要措施的,对损害扩大部分与该网络用户承担连带责任。

权利人因错误通知造成网络用户或者网络服务提供者损害的,应当承担侵权责任。法律另有规定的,依照其规定。

2. 《信息网络传播权保护条例》第十四条　对提供信息存储空间或者提供搜索、链接服务的网络服务提供者,权利人认为其服务所涉及的作品、表演、录音录像制品,侵犯自己的信息网络传播权或者被删除、改变了自己的权利管理电子信息的,可以向该网络服务提供者提交书面通知,要求网络服务提供者删除该作品、表演、录音录像制品,或者断开与该作品、表演、录音录像制品的链接。通知书应当包含下列内容:

(一)权利人的姓名(名称)、联系方式和地址;

(二)要求删除或者断开链接的侵权作品、表演、录音录像制品的名称和网络地址;

(三)构成侵权的初步证明材料。

权利人应当对通知书的真实性负责。

3.《信息网络传播权保护条例》第二十三条 网络服务提供者为服务对象提供搜索或者链接服务,在接到权利人的通知书后,根据本条例规定断开与侵权的作品、表演、录音录像制品的链接的,不承担赔偿责任;但是,明知或者应知所链接的作品、表演、录音录像制品侵权的,应当承担共同侵权责任。

网络服务提供者对用户侵权未采取措施如何承担侵权责任

◆（第 1197 条）◆

📋 基本案情

百度公司在百度网搜索结果列表页面开展"加 V 认证"业务，在其部分推广客户搜索结果链接标识旁加注"V"形标记。搜索结果列表页面右侧有"放心搜索有 V 有保障"标识。点击该标识，打开的页面显示"百度和中消协提示：如您在百度含信誉 V 标识的搜索结果中因假冒官网、资质或钓鱼诈骗蒙受经济损失，可获百度先行保障。（登录百度账号保护您的权益）"。

2013 年 11 月 20 日，张某某在百度网搜索栏内输入"吉林石化 0215A"（一种工业原料的代号）并点击了"百度一下"，搜索结果列表中包括"缇雄贸易"（www.yuanchuangjidi.com）链接标识，标识旁边加注有"推广"标识和"V"形标记。搜索结果列表页面右上方有"放心搜索全额保障"字样。张某某使用其百度账号登录后，点击"缇雄贸易"链接标识，进入该网站，网站显示"缇雄贸易隶属于济南跃阳化工有限公司，是专业从事塑胶原料的销售……"。通过 QQ 软件与该公司网站在线客服进行沟通。网站客服通过 QQ 向张某某在线发送了《购销合同》扫描件。张某某将该扫描件打印后签字，通过传真返回对方。2013 年 11 月 21 日，张某某通过网银向该账号转账 120250 元。2013 年 11 月 25 日，张某某向邯郸市公安局邯山分局报案被骗，该案迄今未侦破。后张某某曾到吴江经济技术开发区运东大道1088号现场查看，该地并无苏州缇雄贸易有限公司。2013年11月29日，张某某通过网络向百度公司申请保障。百度公司答复：申请未通过。您购买商品或接受服务非因生活消费需要，暂不属于保障范围，请您选择其他维权通道处理。具体请参照保障平台服务协议。百度网站显示的"缇雄贸易"网站"百度推广诚信商家档案"显示：公司名称济南跃阳化工有限公司，百度信誉星级三星，验证时间2013/08/30，验证结果通过，该网站已通过安全验证。2013年12月30日，济南跃阳化工有限公司出具《声明》称，其公司从未在百度搜索进行过任何推广，其公司已向公安机关报案，并通过电子邮件多次向百度公司进行投诉，百度公司均置之不理。2014年10月23日，济南跃阳化工有限公司出具《情况说明及声明》称，百度推广的多个假网站冒用其公司名义诈骗多人，在此期间，其公司多次接到举报电话，已严重影响其公司名誉，该公司曾向百度公司投诉举报，但百度公司一直未将后续处理结果告知该公司。后张某某以百度公司财产损害纠纷为由，诉至法院，要求百度公司承担相应侵权责任。

问题描述

本案系网络服务提供者明知网络用户存在利用网络实施侵权行为，仍未采取必要措施，造成民事主体利益受损的案件。本案的争议焦点为，百度公司是否存在过错。

裁判情况

本案经过一审、二审。二审法院认为，"加V认证"系百度公司为客户推出的信誉认证服务，目的在于增加客户的信誉度，迎合网络用户希望减少网络交易风险的需求。此种"加 V 认证"的信誉认证性质,不仅促使"加 V 认证"的企业在网络中脱颖而出,也使得百度公司获得直接或间接的利益。因此,百度公司在进行"加 V 认证"审核时,理应尽到较一般推广更高的注意义务,核实企业身份信息的真实性,避免虚假企业通过"加 V 认证"骗取网络用户的信任。百度公司在可以采用"打零钱认证法"等简便易行的验证方法避免"证件表面一致线上认证法"漏洞的情况下,仍然选择采用宽松认证标准致使张某某受骗,未尽到"加 V 认证"审核中应尽的注意义务。并且,百度公司在张某某被骗一事发生之前即收到济南跃阳化工有限公司告知本公司被冒名认证的邮件,但百度公司仅仅停止了一个被投诉网站的推广链接,其应有能力筛查"加 V 认证"企业中利用同一申请人同一账户设定的其他推广网站,却未采取相应措施,导致此后张某某受骗,百度公司怠于管理,在主观上亦存在过错。

裁判结论:(1)本判决生效之日起 7 日内,被告北京百度网讯科技有限公司赔偿原告张某某经济损失 120250 元及诉讼合理支出 5500 元;(2)驳回原告张某某的其他诉讼请求。

释法析理

根据《中华人民共和国民法典》第 1197 条规定,"网络服务提供者知道或者应当知道网络用户利用其网络服务侵害他人民事权益,未采取必要措施的,与该网络用户承担连带责任"。本案中,百度公司作为一家经营多年、实力雄厚的互联网经营企业,以其业务能力应当知道存在多种伪造变造证据、修改电子文件的技术手段,应当预见到单纯线上认证存在诸多漏洞和风险,应当采取其他有效印证方法堵塞漏洞。并且,百度公司在发现单纯采用"证件表面一致线上认证法"进行认证服务有较多漏洞，且已研发出"打零钱认证法"，仍然采用较为简单的认证方法致使本案发生，应当认定百度公司未尽到合理注意义务。济南跃阳化工有限公司发现被冒名认证后，多次向百度公司投诉举报，并提供了该公司及其法定代表人的真实证照以便百度公司核实。百度公司收到举报后怠于管理，放任违法行为，进一步证明了百度公司存在过错。

"加V认证"服务的性质在于信誉认证、减少交易风险，张某某有理由给予"加V认证"的交易企业较高的信赖。并且，张某某通过与被链网站上公示的官方客服沟通进行交易磋商，进而达成交易，符合在线交易通常的交易过程；双方达成的成交价格亦未超出合理范围。因此，百度公司认为张某某疏忽大意、自身存在过错的主张不能成立。

相关法条

《中华人民共和国民法典》第一千一百九十七条　网络服务提供者知道或者应当知道网络用户利用其网络服务侵害他人民事权益，未采取必要措施的，与该网络用户承担连带责任。

食客在餐馆儿童游乐设施玩耍时受伤餐馆是否承担侵权责任

◆（第 1198 条第 1 款）◆

📋 基本案情

被告肯德基广州路餐厅是被告肯德基公司设置的分公司。2014 年 7 月 23 日晚 8 时许，颜某某及其母亲谭某在肯德基广州路餐厅就餐，其间颜某某在餐厅内的儿童乐园滑梯上玩耍时，从滑梯上摔倒致右肘关节受伤。颜某某被送往市儿童医院急诊治疗，被诊断为右孟氏骨折，予石膏固定术治疗。此后颜某某的法定代理人与两被告因赔偿问题协商未果诉至法院，要求判决两被告承担赔偿责任。

审理中，被告肯德基广州路餐厅提供了事发当时的监控视频和儿童乐园入口处的照片，视频显示：当日 20 时 37 分至 38 分，颜某某一人在餐厅内儿童乐园滑梯上玩耍，其间颜某某连续三次从滑梯上跑跳下来，并逆向冲上滑梯，第四次颜某某冲上滑梯后，试图踩在滑梯防护栏边缘滑下时摔倒。颜某某玩耍时其母亲一直站在儿童乐园内，但一度转身背对颜某某。照片显示儿童乐园入口处设有提示牌，内容如下："（1）本儿童乐园仅供本餐厅顾客使用。儿童乐园同时只能容纳 8 人，如果满员，请耐心等待。（2）使用本儿童乐园设施的儿童须在 3 岁以上、身高 90cm 至 125cm 以内。恕本餐厅不设专职人员看护，家长或随行成人务必在儿童游玩时，进入游乐区在旁负责照顾儿童，慎防意外。(3) 请脱鞋进入儿童乐园，请勿在园内饮食或携带其他物品入内。(4) 请遵守秩序和社会公德，不要相互推撞拥挤、激烈跳跃，以防止伤害他人。"颜某某对监控视频和照片的真实性无异议，但认为被告的游乐场设施安全防护措施不完善且未尽合理的管理及维护义务，故对颜某某的损伤应承担赔偿责任。颜某某就其损失，提供了医疗费票据原件，主张发生医疗费397.5元，其余损失暂不于本案中主张。

问题描述

公共场所的管理人未尽到安全保障义务，造成他人损害的，应当承担侵权责任。公共场所管理人已尽到安全保障义务的，损害后果由受害人自行承担。本案的争议焦点为，肯德基餐厅是否已尽到安全保障义务，是否应当对颜某某的损害承担侵权责任。

裁判情况

法院经审理认为，公民享有生命健康权。从事餐饮活动的经营者未尽合理限度范围内的安全保障义务，致使他人遭受人身损害的，应当承担相应的赔偿责任。本案被告肯德基广州路餐厅已经尽到了合理限度内的安全保障义务，对本案损害结果的发生没有过错，原告摔倒受伤系其自身行为及监护人监护失职所致，故两被告对原告的损害后果不应承担赔偿责任。

裁判结论：驳回原告颜某某的诉讼请求。

一审判决后，双方当事人未上诉，一审判决已发生法律效力。

释法析理

《中华人民共和国民法典》第1198条第1款规定,"宾馆、商场、银行、车站、机场、体育场馆、娱乐场所等经营场所、公共场所的经营者、管理者或者群众性活动的组织者,未尽到安全保障义务,造成他人损害的,应当承担侵权责任"。判断公共场所的管理人是否尽到安全保障义务,应当以管理人的行为是否符合法律、法规或特定操作规程的要求,是否尽到了善良管理人同类交易情形下通行的注意义务作为衡量的尺度。在公共场所的管理人已经尽到安全保障义务的前提下,无民事行为能力人因其自身行为及监护人监护不力导致损害事实发生的,损害后果应由无民事行为能力人及其监护人自行承担。

本案中,被告肯德基广州路餐厅儿童乐园内提供的游乐设施系专门针对儿童设计,该设施无安全缺陷或隐患,且被告在入口处设置了提醒牌,对游乐设施的使用方法和儿童可能存在的意外危险作出了警示和说明,并提醒家长和随行成人在儿童玩耍时进入游乐区在旁照顾儿童,已经尽到了合理限度的安全保障义务。原告系5岁幼童,对行为动作的危险性缺乏认知和判断能力,其监护人应当在其玩耍时高度注意、谨慎看护,对原告作出的危险行为予以制止或进行必要的帮扶。从监控视频可见,原告在儿童乐园玩耍时,多次在滑梯上进行跑跳等危险动作,但原告的监护人在旁对原告的危险动作未及时予以制止,还一度转身背对原告,导致原告发生意外时不在其视线范围内,未能及时帮扶原告,这是原告摔倒受伤的直接原因。

相关法条

《中华人民共和国民法典》第一千一百九十八条 宾馆、商场、银行、车站、机场、体育场馆、娱乐场所等经营场所、公共场所的经营者、管理者或者群众性活动的组织者，未尽到安全保障义务，造成他人损害的，应当承担侵权责任。

因第三人的行为造成他人损害的，由第三人承担侵权责任；经营者、管理者或者组织者未尽到安全保障义务的，承担相应的补充责任。经营者、管理者或者组织者承担补充责任后，可以向第三人追偿。

未成年人高空抛物致人死亡小区物业是否承担损害赔偿责任

◆（第 1198 条第 2 款）◆

基本案情

2019年7月2日下午，被告王某某（2009年8月7日出生，父母离婚后跟随母亲方某生活）放学后欲回到某小区位于8楼的舅舅家中，因家中无人进门未果。王某某步行至7楼，从楼道墙上消防柜中取出手提式干粉灭火器，推开7楼步梯间防火门，将灭火器竖立放在楼道打开的窗台靠外面，先后两次从窗台处推落两个灭火器下楼。第一次灭火器掉落在该栋1单元侧门地面受害人袁某某（该栋1楼住户兼经营便利店）晾晒的洋芋片后即弹进附近草丛中，第二次灭火器砸中正在附近翻晒洋芋片的袁某某头部，受害人当场倒地晕迷，头部出血，附近玩耍的两孩童亦受到惊吓。后受害人被物业人员发现并送医急救，经抢救无效死亡。受害人袁某某的父母、配偶、子女作为原告诉至法院，要求被告王某某的父亲王某、母亲方某赔偿80万余元（扣除前期已支付的25万元），该小区物业分公司承担连带赔偿责任。

问题描述

高空抛物行为对社会公共安全存在极大的危险，极易造成人身伤亡和财产损失，引发社会矛盾纠纷。王某某先后两次推落灭火器的行为造成了袁某某的死亡。本案争议的焦点是，王某某高空抛物伤人致死的侵权行为应当由谁承担侵权责任；该小区物业分公司是否尽到相应安全保障义务，是否承担相应责任。

裁判情况

法院经审理认为，无民事行为能力人、限制民事行为能力人造成他人损害的，应由其监护人承担侵权责任。被告某物业分公司对本案应承担补充责任，综合本案事实，判令其承担本案损害后果的5%的补充责任。

裁判结论：（1）被告王某某的父母王某、方某于判决生效后15日内赔偿原告各项经济损失共计784520.5元；（2）被告某物业分公司在49226元损失范围内承担补充赔偿责任，被告某物业分公司的财产不足以承担部分由被告某物业公司承担；（3）驳回原告的其他诉讼请求。

释法析理

本案中，被告王某某高空抛物致袁某某死亡，因其系未成年人，案发时系限制民事行为能力人，没有经济收入，根据《中华人民共和国民法典》第1188条第1款"无民事行为能力人、限制民事行为能力人造成他人损害的，由监护人承担侵权责任。监护人尽到监护职责的，可以减轻其侵权责任"规定，应由其监护人承担侵权责任。虽然被告王某某的父母已经离婚，王某某由其母亲方某抚养，但其父亲王某仍为王某某的法定监护人，应与方某共同承担监护和抚养王某某的义务。故被告王某、方某应共同承担本案的赔偿责任。

被告某物业分公司对本小区及房屋负有维修、养护、管理和维护的义务。本案中，袁某某的死亡虽系因王某某高空抛物所致，但物业分公司对占用通道晾晒洋芋片的行为不加制止，对人流高峰时段有重物落下未及时发现，可以认定对于本案的发生，其存在管理上的疏漏。《中华人民共和国民法典》第1198条规定："宾馆、商场、银行、车站、机场、体育场馆、娱乐场所等经营场所、公共场所的经营者、管理者或者群众性活动的组织者，未尽到安全保障义务，造成他人损害的，应当承担侵权责任。因第三人的行为造成他人损害的，由第三人承担侵权责任；经营者、管理者或者组织者未尽到安全保障义务的，承担相应的补充责任。经营者、管理者或者组织者承担补充责任后，可以向第三人追偿。"据此，被告某物业分公司对本案应承担补充责任，综合本案的事实，判令其承担本案损害后果的5%的补充责任。同时，根据《中华人民共和国民法典》第74条第2款"分支机构以自己的名义从事民事活动，产生的民事责任由法人承担；也可以先以该分支机构管理的财产承担，不足以承担的，由法人承担"规定，被告某物业分公司的财产不足以承担部分由被告某物业公司承担。

相关法条

1. 《中华人民共和国民法典》第七十四条　法人可以依法设立分支机构。法律、行政法规规定分支机构应当登记的，依照其规定。

分支机构以自己的名义从事民事活动，产生的民事责任由法人承担；也可以先以该分支机构管理的财产承担，不足以承担的，由法人承担。

2. 《中华人民共和国民法典》第一千一百八十八条　无民事行为能力人、限制民事行为能力人造成他人损害的，由监护人承担侵权责任。监护人尽到监护职责的，可以减轻其侵权责任。

有财产的无民事行为能力人、限制民事行为能力人造成他人损害的，从本人财产中支付赔偿费用；不足部分，由监护人赔偿。

3.《中华人民共和国民法典》第一千一百九十八条 宾馆、商场、银行、车站、机场、体育场馆、娱乐场所等经营场所、公共场所的经营者、管理者或者群众性活动的组织者，未尽到安全保障义务，造成他人损害的，应当承担侵权责任。

因第三人的行为造成他人损害的，由第三人承担侵权责任；经营者、管理者或者组织者未尽到安全保障义务的，承担相应的补充责任。经营者、管理者或者组织者承担补充责任后，可以向第三人追偿。

儿童在幼儿园感染手足口病
医治无效死亡幼儿园是否承担责任
◆（第 1199 条）◆

📄 基本案情

2012年4月11日上午，原告王某甲将其子王某乙（2010年8月20日生）送到本市某幼儿园入托，并按该幼儿园的要求交纳了学费800元和中午就餐伙食费100元。2012年4月19日，王某甲的妻子吴某将王某乙从幼儿园接回家。20日，吴某因休息没有将王某乙送到幼儿园入托。21日上午，吴某发现王某乙没有精神，就给其服用A品牌的感冒药和同一品牌的止咳药。21日下午，吴某发现王某乙臀部有小红点。21日晚10时许，吴某发现王某乙有发烧症状，就给其服用了B品牌的退热药，王某乙服药后发烧症状当日即退。22日上午，吴某到单位某超市正常上班，原告王某甲将王某乙送到自己母亲处照顾。22日下午3时许，原告王某甲的母亲发现王某乙仍精神不振，即要求原告王某甲将王某乙带到医院检查。原告王某甲当即将王某乙带到市妇幼保健院就诊。经诊断：王某乙患危重型手足口病（神经性肺水肿，病毒性脑炎）。4月23日下午1时40分，王某乙经就诊医院抢救无效死亡，原告吴某、王某甲为王某乙治疗共支出医疗费用6211元。4月23日下午3时许，原告王某甲、吴某等人以王某乙在入托期间被传染手足口病为由找到被告张某、金某开办的幼儿园要求赔偿，并向公安机关报警要求处理。后经公安机关调处多次未果，原告王某甲、吴某于 2012 年 5 月 24 日诉至法院。经查，2012 年 4 月初至 4 月中旬，该幼儿园有徐某某、陈某、谷某某等入托的幼儿先后患有手足口病。①

问题描述

儿童在幼儿园学习、生活期间感染传染疾病，幼儿园故意隐瞒疫情，未采取规定的预防、处置措施，且未尽到相关注意义务，导致儿童死亡的，属于《中华人民共和国民法典》第 1199 条规定的教育机构对无民事行为能力人的侵权责任问题。本案的争议焦点为，幼儿园是否应当承担侵权责任。

裁判情况

本案经过一审、二审。二审法院认为，被告张某、金某具有一定的过错，导致原告在其子王某乙患手足口病后错误认为患感冒耽搁了早期治疗而死亡。依法应当对原告之子王某乙的死亡后果承担相应的民事赔偿责任。原告在其子王某乙患手足口病时存在认识上的误解，未在第一时间送医疗机构治疗，导致错过最佳的治疗时机，以致最终造成患危重型手足口病死亡的后果，原告作为监护人应对王某乙患病死亡的后果负

---

① 手足口病是由多种人肠道病毒引起的一种儿童常见传染病，是我国法定报告管理的丙类传染病。大多数患者症状轻微，以发热和手、足、口腔等部位的皮疹或疱疹为主要特征。少数患者可出现无菌性脑膜炎、脑炎、急性弛缓性麻痹、神经源性肺水肿和心肌炎等，个别重症患儿病情进展快，可导致死亡。手足口病潜伏期为 2~10 天，平均 3~5 天，病程一般为 7~10 天。传播途径可经肠道（粪—口途径）传播，也可经呼吸道（飞沫、咳嗽、打喷嚏等）传播，亦可因接触患者口鼻分泌物、皮肤或黏膜疱疹液体及被污染的手及物品等造成传播。易感人群为：不同年龄组均可发病，以 5 岁及以下儿童为主，尤以 3 岁及以下儿童发病率最高。手足口病四季均可发病，一般 3 月以后逐渐增多，5~6 月可达到高峰。

主要民事责任。

裁判结论：经二审法院依法主持调解，各方当事人自愿达成调解协议，上诉人张某、金某于签收调解书时一次性赔偿被上诉人王某甲、吴某各项损失合计人民币15万元；本案所涉纠纷一次性了结，各方就此再无其他争议。

释法析理

《中华人民共和国民法典》第1199条规定，"无民事行为能力人在幼儿园、学校或者其他教育机构学习、生活期间受到人身损害的，幼儿园、学校或者其他教育机构应当承担侵权责任；但是，能够证明尽到教育、管理职责的，不承担侵权责任"。对于无民事行为能力人在幼儿园、学校或者其他教育机构学习、生活期间受到人身损害的，法律采取的是推定教育机构有过错的归责原则。幼儿园、学校或者其他教育机构能够证明尽到教育、管理职责的，不承担侵权责任。本案中，2012年4月初至4月中旬，被告张某、金某开办的幼儿园先后有多名幼儿患有手足口病。因手足口病的潜伏期通常为2～10天，原告之子王某乙于2012年4月19日下午离开幼儿园，至2012年4月21日上午患病，故应认定原告之子王某乙在幼儿园入托期间有被传染手足口病的可能性。被告张某、金某开办的幼儿园在托幼儿达100多名，在办学规模已经达到一定程度的情况下，没有配置从事卫生保健方面的老师，导致幼儿园先后有幼儿患有手足口病，存在预防措施不到位问题；发现疫情后，又故意隐瞒，既没有向卫生防疫部门汇报，也没有向入托的幼儿家长通报，未履行作为幼儿园方提示幼儿家长注意义务，存在处置措施不到位问题，导致原告在其子王某乙患手足口病后错误地认为患感冒，耽搁了早期治疗而死亡。该幼儿园对此损害后果的发生存在过错，依法应当承担相应责任。

📖 相关法条

《中华人民共和国民法典》第一千一百九十九条 无民事行为能力人在幼儿园、学校或者其他教育机构学习、生活期间受到人身损害的,幼儿园、学校或者其他教育机构应当承担侵权责任;但是,能够证明尽到教育、管理职责的,不承担侵权责任。

侵权责任编

住校小学生从高低床上铺摔下受伤学校是否承担侵权责任

◆（第 1200 条）◆

📄 基本案情

原告伍某某系限制民事行为能力人，全托就读于被告某中学设立的外国语小学。2012 年 5 月 29 日凌晨，原告在被告安排的宿舍睡觉时，从高低床上铺摔下，导致眼睛受伤。经送医院救治，诊断为脑震荡、左眼挫伤伴神经损伤、肝挫伤。医生当日建议转上级医院继续治疗，并于当天办理了出院手续。2012 年 6 月 30 日，原告转至省人民医院继续住院治疗，诊断为左眼顿挫伤，左侧视神经管骨折。住院 8 天，于 2012 年 6 月 7 日好转出院。出院医嘱建议出院后继续药物治疗，注意休息；门诊定期复查，不适随诊。后原告又至北京同仁医院等医院进行门诊治疗和复查。在此期间共住院 9 天，花费医疗费合计 19901.3 元。后因赔偿问题，双方未能达成一致意见，因而成讼。

经一审法院现场勘查，被告已经对原告摔伤时使用的高低床进行了改造，拆除了原上铺的护栏，重新安装了护栏。改造后的护栏高 23 厘米、长 78.5 厘米。床铺净长 167.5 厘米，护栏和床头之间的缺口长度为 89 厘米（167.5 厘米 -78.5 厘米），上铺离地面高度为 149.5 厘米。根据原被告双方认可的照片显示，改装前的护栏长度不足整张床的一半，护栏高度不足 20 厘米。

另查明：原告在被告处全托就读，晚上在被告安排的宿舍睡觉，被告为每个楼层安排了一名宿管人员。原告受伤当晚，其睡觉时头朝没有护栏的一侧，对此，被告学校安排的宿管人员未予制止。原告受伤时刚年满12周岁，属于限制民事行为能力人。原告父母自2009年起便在城镇从事家具加工销售工作，原告长期在城镇上学、生活。

问题描述

学校有对学生进行教育、管理和保护的职责，对学生的伤害事故如存在过错，则应承担相应责任。学校为学生提供的双层床安全板高度和长度应当符合国家标准及行业标准，并排除安全隐患。因学校未尽到安全保障义务，致学生损害的，属于《中华人民共和国民法典》第1200条规定的教育机构对限制民事行为能力人的侵权责任问题。本案的争议焦点为，学校对伍某某受伤的后果是否存在过错，是否应当承担侵权责任。

裁判情况

法院审理认为，本案中，原告伍某某作为限制民事行为能力人，其在学校住宿时，学校应当提供符合国家规定的标准或者行业标准的教育生活设施、设备，并排除各类不安全因素，尽到安全注意义务。但被告提供的双层床上铺的安全栏板高度和长度均不符合国家关于家具床类主要尺寸规定的标准，存在安全隐患。且被告将年仅12周岁的小学生安排在高达149.5厘米的上铺睡觉，对于存在的安全隐患认识不足，其应当承担相应的严格看护和管理责任。被告在原告头朝没有护栏的一侧睡觉时未能予以及时提醒和制止，明显未尽到管理、教育职责，对原告此次损伤存在较大过错。

裁判结论：被告于本判决生效之日起10日内赔偿原告伍某某各项损失合计180233.52元。

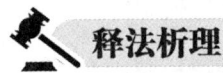

释法析理

《中华人民共和国民法典》第 1200 条规定,"限制民事行为能力人在学校或者其他教育机构学习、生活期间受到人身损害,学校或者其他教育机构未尽到教育、管理职责的,应当承担侵权责任"。与《中华人民共和国民法典》第 1199 条关于无民事行为能力人的规定不同,对于限制民事行为能力人在学校或者其他教育机构学习、生活期间受到人身损害的,法律采取的是适用过错责任原则,教育机构因没有尽到教育、管理职责而存在过错,应当依法承担侵权责任。本案中,学校为学生宿舍提供的双层床安全栏板高度和长度存在安全隐患,未及时进行排查,且伍某某在受伤当晚,头朝没有护栏一侧睡觉,学校宿管人员未及时发现并制止。伍某某作为未成年人,其对居住上铺可能存在的安全隐患认识能力和控制能力不足,因此,学校应承担相应的严格看护和管理职责。学校未尽到上述责任,致使学生从双层床上铺掉落摔伤,应承担相应的赔偿责任。原告受伤时系刚满12周岁的小学生,虽然其年龄和智力状况不能使其完全预测到可能出现的安全隐患,但是对于宿管员已经交代过的事项,应当予以遵守,其对于头朝没有护栏一侧睡觉的危险性应该具有一定的认识,因此,原告亦存在一定的过错。法院结合原被告双方的过错程度,酌情确定被告承担80%的赔偿责任。

相关法条

《中华人民共和国民法典》第一千二百条 限制民事行为能力人在学校或者其他教育机构学习、生活期间受到人身损害,学校或者其他教育机构未尽到教育、管理职责的,应当承担责任。

学生之间课间打闹摔倒受伤侵权责任如何分担

◆（第 1201 条）◆

基本案情

王某甲与被告李某甲均系限制行为能力人，均在市青少年宫开办的补习班学习。李某乙系李某甲的父亲，牛某系李某甲的母亲。在市青少年宫补课的课间休息期间，王某甲、李某甲与其他同学一起在操场追逐玩耍，王某甲为躲避一名女同学的追逐，跑向李某甲站立的方向，当发现李某甲时便反身往回跑，李某甲此时伸出右手拍到了反身回跑的王某甲右臂处，王某甲因身体不稳失去重心摔倒，导致两颗门牙脱落。王某甲的家长接到学校通知后赶到现场，将王某甲送至市口腔医院门诊就治，支付医疗费1410.47元；后于2017年3月9日到市人民医院住院治疗，2017年4月11日出院，支付住院费3114.02元。

问题描述

该案系限制民事行为能力人在教育机构受到第三人实施的侵权赔偿纠纷案件，属于限制民事行为能力人在教育机构学习、生活期间，另一限制民事行为能力人造成其损害的，监护人及教育机构应当如何承担责任的问题。本案的争议焦点是，教育机构是否尽到相应管理职责，是否承担侵权责任。

裁判情况

本案经过一审、二审。二审法院认为，王某甲受伤是在与同学课间休息追逐玩耍时发生的，在整个过程中，王某甲是因发现李某甲后反身回跑时，身体失去平衡才导致摔倒，故王某甲对损害发生有主要过错；同时，李某甲向跑过来的王某甲伸手并拍到王某甲右臂的行为，是造成王某甲摔倒的次要原因，其行为存在一定的侵权过错，应承担相应的侵权责任。因李某甲为限制民事行为能力人，被告李某乙和牛某作为李某甲的监护人，对李某甲的侵权行为应当承担相应的侵权责任。王某甲与李某甲作为限制民事行为能力人，玩耍是其天性，但在玩耍中追逐打闹毕竟存在一定的安全隐患。被告市青少年宫作为教育机构，对在校补习的限制民事行为能力人，应当加强安全教育，尽到管理职责。从其向法院提交的未公示的安全公约和守则中可以看出，其明知学员打闹追逐存在危险，未尽到教育、管理职责，依法应当承担补充责任。

裁判结论：被告李某甲、李某乙、牛某于本判决生效之日起立即赔偿原告王某甲医疗费用4524.49元的20%，计904.90元；被告市青少年宫于本判决生效之日起立即赔偿原告王某甲医疗费用4524.49元的10%，计452.45元。

释法析理

《中华人民共和国民法典》第1201条规定，"无民事行为能力人或者限制民事行为能力人在幼儿园、学校或者其他教育机构学习、生活期间，受到幼儿园、学校或者其他教育机构以外的第三人人身损害的，由第三人承担侵权责任；幼儿园、学校或者其他教育机构未尽到管理职责的，承担相应的补充责任。幼儿园、学校或者其他教育机构承担补充责任后，可以向第三人追偿"。此处所谓的第三人，是指幼儿园、学校或者其他教育机构的教师及其他工作人员之外的人员。同一学校内部的同学之间互殴发生人身损害的,应当由实施加害的未成年人的监护人承担赔偿责任,学校未尽到安全保障义务的仅在其过错限度内承担相应的责任。此处教育机构承担的责任为补充责任,即第三人造成损害的,根据自己责任原则,由第三人承担民事赔偿责任,在第三人有能力赔偿时,则不必适用补充赔偿。当第三人没有赔偿能力时,未尽到管理职责的教育机构承担补充性赔偿责任。学校等教育机构先对受害人承担补充责任,其后在内部责任分担中承担相应的责任,因此,就超出自己过错的份额教育机构享有对第三人的追偿权。本案中,王某甲受伤是在同学相互追逐打闹时发生的,学校在同学玩闹过程中应尽到监督、制止危险行为等管理职责,但学校在同学们课余活动时未尽到相应职责,因此,王某甲的损害应当由李某甲的监护人承担,学校应在其过错范围内承担侵权补充责任。

相关法条

《中华人民共和国民法典》第一千二百零一条 无民事行为能力人或者限制民事行为能力人在幼儿园、学校或者其他教育机构学习、生活期间,受到幼儿园、学校或者其他教育机构以外的第三人人身损害的,由第三人承担侵权责任;幼儿园、学校或者其他教育机构未尽到管理职责的,承担相应的补充责任。幼儿园、学校或者其他教育机构承担补充责任后,可以向第三人追偿。

产品缺陷造成他人损害时生产者如何承担侵权责任

◆（第 1202 条）◆

📋 基本案情

2015 年 11 月，某县村民熊某某在其宅基地上自建房屋。当房屋建至第一层时，熊某某让卓某某负责帮其联系购买预制板（预应力混凝土空心板），并由卓某某将预制板吊装至新建房屋的第一层屋面。卓某某遂联系在某村开办预制厂的魏某某。后魏某某、王某甲叫来王某乙、张某夫妇，商定由其四人开两台货车一起将预制板运送至熊某某在建房屋工地。卓某某操作吊机，将预制板从车上向熊某某在建房屋的一楼屋面吊卸，每次吊运预制板 2 块。在其中的一次吊运过程中，2 块预制板中的一块在半空中断裂掉下，砸到站在车上的张某。张某被砸后当场昏迷，送至某市人民医院抢救无效死亡。2016 年 12 月，经某市产品质量监督检验所对魏某某、王某甲生产的与事发现场同批次、相同规格型号的预制板质量进行鉴定，结论为不合格，具体为预制板的钢筋数量应为 12 根，实为 11 根；钢筋直径应为 5.0mm，实为 3.8mm；承载力检验为不合格。张某的近亲属王某乙等向法院起诉，请求法院判令被告魏某某、王某甲赔偿死亡赔偿金、丧葬费、精神损害抚慰金等。

问题描述

本案系因预制板产品质量责任引发的侵权责任赔偿纠纷案件。原告王某乙等认为，魏某某、王某甲生产的预制板不合格，是造成张某死亡的直接原因，应当承担赔偿责任。被告魏某某、王某甲则认为，死者张某在此次运输吊卸预制板过程中与其是承揽运输关系，是预制板的承运人，不属于预制板的使用者，预制板在吊运过程中脱落致张某受伤死亡，与产品质量不存在任何关系。本案的争议焦点是，被告生产的预制板是否存在缺陷；预制板造成非使用人张某死亡，被告是否应该承担侵权责任。

裁判情况

本案经过一审、二审。二审法院经审理后认为，因产品存在缺陷造成他人损害的，生产者应当承担侵权责任。魏某某、王某甲生产的预制板经检验为质量不合格，并在吊运过程中断裂，砸到张某致其死亡。魏某某、王某甲生产的预制板属三无产品建筑材料（无生产日期、无质量合格证或生产许可证、无生产厂名），存在严重的质量缺陷，张某被砸身亡与魏某某、王某甲生产的预制板质量不合格有直接的因果关系。作为死者张某的近亲属王某乙等人有权要求缺陷产品生产者的魏某某、王某甲给予赔偿。

裁判结论：被告魏某某、王某甲赔偿原告因张某死亡所造成的死亡赔偿金、丧葬费、精神损害抚慰金等合计46万余元。

释法析理

产品的生产者确保产品质量无缺陷是其应尽的最基本责任。我国法律明确规定，因产品存在缺陷造成他人损害的，生产者应当承担侵权责任，除非该生产者有法定的免责事由（能够证明其未将产品投入流通，或者产品投入流通时引起损害的缺陷尚不存在,或者将产品投入流通时的科学技术水平尚不能发现缺陷的存在)。产品责任是一种特殊的侵权责任,无论该产品是造成了使用者的损害,还是造成了其他没有使用该产品的人的损害,对于该产品的生产者而言均存在因果关系,适用无过错归责原则,且如果没有法定的免责事由,生产者都应当承担侵权责任。根据《中华人民共和国产品质量法》第46条规定,产品缺陷,是指产品存在危及人身、他人财产安全的不合理的危险;产品有保障人体健康和人身、财产安全的国家标准、行业标准的,是指不符合该标准。本案中,被告生产的预制板系三无产品,经检验产品质量不合格。因此,被告生产的预制板是存在缺陷的产品,造成了张某死亡的危害后果,且没有法定的免责事由,被告应当承担侵权责任。

相关法条

1.《中华人民共和国民法典》第一千二百零二条　因产品存在缺陷造成他人损害的,生产者应当承担侵权责任。

2.《中华人民共和国产品质量法》第四十一条　因产品存在缺陷造成人身、缺陷产品以外的其他财产(以下简称他人财产)损害的,生产者应当承担赔偿责任。

生产者能够证明有下列情形之一的,不承担赔偿责任:

(一)未将产品投入流通的;

(二)产品投入流通时,引起损害的缺陷尚不存在的;

(三)将产品投入流通时的科学技术水平尚不能发现缺陷的存在的。

3.《中华人民共和国产品质量法》第四十六条　本法所称缺陷,是指产品存在危及人身、他人财产安全的不合理的危险;产品有保障人体健康和人身、财产安全的国家标准、行业标准的,是指不符合该标准。

驾驶过程中车辆发生自燃车辆所有人可以向销售者请求赔偿吗

◆（第 1203 条）◆

基本案情

何某某在某市汽车销售服务公司处购得某品牌小轿车一辆，并在该公司院内的车饰店加装挡泥板、车牌号，将原装的音响系统更换成了导航系统。一年后的一天，何某某在驾驶该车时，突然发现副驾驶位置前面的储物箱左夹缝有烟冒出并伴有火苗，随即停车扑救，并立即拨打119求救，后火虽被扑灭，但车辆还是被烧毁。此后，何某某要求某市汽车销售服务公司赔偿损失，均遭拒绝。2017年10月14日，何某某通过某镇法律服务所委托某司法鉴定所对被烧毁车辆的起火原因进行鉴定，鉴定意见为：该车的起火原因是由于鼓风机调速电阻电器系统故障，且未及时断电，造成线路过载，并引燃附近的可燃物，从而引发此次燃烧事故。何某某遂起诉某市汽车销售服务公司，请求法院判令某市汽车销售服务公司赔偿其因车辆烧毁造成的财产损失。

问题描述

本案系因汽车自燃引发的产品责任侵权纠纷案件。原告何某某的车辆发生自燃，被告某市汽车销售服务公司认为车辆系改装造成，被告不应承担责任。诉讼过程中，被告对鉴定意见提出异议，并申请重新鉴定。

因被烧毁的车辆长时间停放在户外,对起火原因能否进行重新鉴定不能确定,法院遂向具有鉴定资质的司法鉴定机构进行了咨询,后该司法鉴定机构组织原、被告双方对车辆残骸进行现场勘查后认为:由于该车长时间停放在户外,外部严重锈蚀,且大量导线、零部件缺失,结合双方提供的照片及电路图也不能推断出起火原因。本案的争议焦点是,车辆是否存在缺陷以及原告是否可以要求车辆销售者赔偿。

裁判情况

本案经过一审、二审。法院经审理后认为,根据原告、被告向法庭提供的证据,可以充分证明车辆起火燃烧非车辆以外的原因所致,且双方也未主张系外界因素引起燃烧,故应认定车辆系"自燃"。关于车辆的自燃原因,原告在向被告主张赔偿遭拒后,通过某镇法律服务所及时委托具备资格的鉴定机构对车辆起火的原因所作鉴定,鉴定意见为"导航线路为插口连接方式,无剪接接头,仪表盘支架边沿平整,无线路摩擦导致短路所形成的焊点,排除导航线路短路导致该车被燃烧的可能性;根据整车的过火痕迹,各个部件燃烧的先后逻辑关系及起火阶层,结合事故初发的视频录像资料,认定引起燃烧的原因是由于鼓风机调速电阻电器系统故障,且未及时断电,造成线路过载,引燃附近的可燃物所致",主张车辆自燃的原因是车辆存在质量缺陷,该鉴定程序合法,分析说明合理充分,鉴定意见客观,应予采信。被告虽在诉讼过程中对该鉴定意见提出了异议,对车辆自燃原因提出重新鉴定申请,但因时间已久,再对车辆自燃原因进行鉴定已无可能,且被告也未提出足以反驳司法鉴定所鉴定意见的证据,故对被告的异议不予支持。根据法律规定,因产品存在缺陷造成损害的,被侵权人可以向产品的生产者请求赔偿,也可以向产品的销售者请求赔偿。对涉案车辆的购置价格、税费折旧重置损失以及保险费、车船税、保养费、玻璃膜、施救费、鉴定费等合计14万余元，由被告承担。被毁车辆残骸归被告所有，车辆残骸所涉相关费用由被告承担。被告支付的咨询费、鉴定人出庭费用，由被告承担。

裁判结论：被告某汽车销售服务公司在本判决生效后10日内赔偿原告14万余元。

释法析理

我国法律明确规定，因产品存在缺陷造成他人损害的，被侵权人可以向产品的生产者请求赔偿，也可以向产品的销售者请求赔偿。本案原告依据鉴定意见，向销售者主张产品缺陷侵权，要求承担赔偿责任，于法有据。本案被告虽然在诉讼过程中对鉴定意见提出异议，并申请重新鉴定，但此时已无鉴定可能，且被告也未提出足以反驳某司法鉴定所鉴定意见的证据，从证据的角度来说，足以认定车辆存在缺陷。因此，被告作为车辆销售者，应当承担侵权赔偿责任。从本案中我们可以看出，使用缺陷产品造成人身财产损害时，若能够证明该产品确实存在缺陷，被侵权人可以向销售者或生产者中的任一一方请求赔偿。

相关法条

1. 《中华人民共和国民法典》第一千二百零二条　因产品存在缺陷造成他人损害的，生产者应当承担侵权责任。

2. 《中华人民共和国民法典》第一千二百零三条　因产品存在缺陷造成他人损害的，被侵权人可以向产品的生产者请求赔偿，也可以向产品的销售者请求赔偿。

产品缺陷由生产者造成的，销售者赔偿后，有权向生产者追偿。因销售者的过错使产品存在缺陷的，生产者赔偿后，有权向销售者追偿。

产品销售者承担产品责任后可以向有过错的第三人追偿吗

◆（第 1204 条）◆

📄 基本案情

昭某因工程建设使用需要，从甲公司处购买了一台由乙公司生产的物料提升机。甲公司送货上门，并联系乙公司请求派技术员前来完成安装。乙公司以技术员人手紧张为由未予答应，甲公司于是联系专业安装同类产品的丙公司派技术员上门安装，并给付了安装费2000元，同时甲公司就安装情况向乙公司作了报备。一日上午，昭某使用物料提升机吊卸货物时，提升机北侧的吊笼失控坠落，致昭某雇用的地面工程建设人员胡某死亡。经专家技术鉴定组鉴定，本次事故发生的主要原因系丙公司技术员在安装时未对防坠安全器和安全停层装置进行检查、调试，安装调试工作并未彻底完成，且只给南侧吊笼的减速箱加注了齿轮油，没有给北侧吊笼减速箱加注齿轮油，安装后也未按照要求办理联合验收手续。事故发生后，甲公司作为销售者，通过昭某对胡某的近亲属赔偿了40万元。事后甲公司找丙公司追偿未果，遂以丙公司在安装设备过程中存在重大过错为由将丙公司诉至法院，请求法院判令丙公司赔偿甲公司垫付的40万元。

问题描述

本案系工程设备产品销售者与第三人之间的产品责任侵权纠纷案件。原告甲公司认为，被告丙公司派出的技术员在安装设备过程中存在过错，致使设备在使用过程中存在缺陷并造成他人损害，应承担侵权赔偿责任。被告丙公司则认为，其是基于承揽合同负责安装设备，对设备安装后造成的损害不承担侵权责任。本案的争议焦点是，涉案设备是否为缺陷产品，以及甲公司在赔偿后是否可以向作为第三方的丙公司追偿。

裁判情况

本案经过一审、二审。法院经审理后认为，产品缺陷涵盖产品设计、制造、装配及说明、售后服务等。本案中，丙公司技术人员在安装调试设备过程中，只给南侧吊笼的减速箱加注了齿轮油，没有给北侧吊笼减速箱加注齿轮油，技术员在安装后未对防坠安全器和安全停层装置进行检查、调试，没有把安装调试工作彻底完成，属于产品缺陷的范畴，丙公司技术人员在安装过程中存在过错。法律规定，因运输者、仓储者等第三人的过错使产品存在缺陷，造成他人损害的，产品的生产者、销售者赔偿后，有权向第三人追偿。

裁判结论：被告丙公司赔偿原告甲公司40万元。

释法析理

产品是经过加工、制作等，用于销售，满足人们生产生活需求的载体，应符合人们期待的安全性，即一个善良人在正常情况下对一件产品所应具备的安全性的期望，以及国家和行业对产品制定的保障人身健康、人身和财产安全的专门标准。

本案中，物料提升机的产品缺陷系由被告丙公司技术人员在安装设备过程中的过错引起，使投入使用的设备未达到安全使用的标准，因而认定为缺陷产品。《中华人民共和国民法典》第 1204 条规定，"因运输者、仓储者等第三人的过错使产品存在缺陷，造成他人损害的，产品的生产者、销售者赔偿后，有权向第三人追偿"。由上述规定可知，生产者的产品侵权责任适用无过错责任原则，即使是由于第三方在安装过程中存在过错，导致产品存在缺陷，也不能成为产品的生产者、销售者据以免责的事由。在一般情况下，确定销售者承担最终责任，采用过错责任原则，即要求销售者对于产品存在缺陷具有过错；但是如果销售者不能指明缺陷产品的生产者也不能指明缺陷产品的供货者的，则应当适用无过错责任原则。在生产者、销售者之外，作为第三人的丙公司，因其在安装设备过程中的过错使产品存在缺陷，进而导致侵权造成胡某死亡，原告作为产品的销售者，向被侵权人的近亲属赔偿后，有权向该第三人丙公司追偿。

相关法条

《中华人民共和国民法典》第一千二百零四条 因运输者、仓储者等第三人的过错使产品存在缺陷，造成他人损害的，产品的生产者、销售者赔偿后，有权向第三人追偿。

家具安装完后室内空气检测超标是否可以请求销售者排除妨害消除危险

◆（第 1205 条）◆

基本案情

刘某某在 B 市家居建材广场某经销部购买了榻榻米 2 套、橱柜 1 套，分别安装于 B 市某小区住房 X1 室（7 年前装修完毕，以下简称 X1 室）、D 县某小区 X2 室（新近装修，以下简称 X2 室）。购买后不久，某经销部分别将 X1 室的榻榻米及 X2 室的榻榻米、橱柜安装完毕，刘某某支付了货款。刘某某发现，安装榻榻米时及安装后室内均有刺鼻气味，且刘某某之子在安装榻榻米的房间内出现咳嗽症状。遂自行委托某环境监测公司对 X1 室和 X2 室内作空气检测，结果显示两室内的甲醛、TVOC（室内有机气态物质）检测值均不合格。据此，刘某某要求某经销部处理，未果后向法院起诉，要求被告某经销部承担拆除、退货、退款等产品侵权责任。

问题描述

本案系因安装的家具是否为合格产品引发的产品责任侵权纠纷案件。原告认为，安装榻榻米后室内空气质量不合格，系榻榻米产品质量不合格造成，故要求某经销部拆除榻榻米和橱柜、退货退款。某经销部则认为，原告依据的检测报告内容为空气质量而非产品质量，其所售产品无质量问题，不同意拆除、退货退款。诉讼中，原告申请对二室安装的榻榻米板材、地垫甲醛释放量以及室内空气中的甲醛、TVOC 是否合格进行司法鉴定，中国检验认证集团某公司作了鉴定，并出具了《鉴定意见书》。本案的争议焦点为，榻榻米是否存在缺陷，以及被告作为销售者是否应承担侵权责任。

裁判情况

本案经过一审、二审和再审。法院经审理后认为，根据《鉴定意见书》，X1 室榻榻米产品中的底板不符合 GB/T 18584-2001《室内装饰装修材料木家具中有害物质限量》中甲醛释放限量的要求，对人体会产生危害，应属于缺陷产品。法律规定，因产品缺陷危及他人人身、财产安全的，被侵权人有权请求生产者、销售者承担排除妨碍、消除危险等侵权责任。虽然该套榻榻米中其他抽样检测部位的甲醛释放量符合要求，但考虑到榻榻米产品的定制性、整体性，原告刘某某主张某经销部将该榻榻米拆除、退货并要求某经销部退还相应货款的诉讼请求，理由正当，应予以支持。根据《鉴定意见书》，X2 室内的空气中甲醛与 TVOC 含量不符合《室内空气质量标准》的要求，但该室内的榻榻米产品符合甲醛释放限量要求，而原告未提交其他证据证明该室内空气不符合要求系该卧室内榻榻米产品所致，亦未提交证据证明该室的橱柜产品存在质量问题，故原告要求某经销部退还 X2 室榻榻米、橱柜货款并将该榻榻米拆除、退货退款的诉讼请求，不予支持。

裁判结论：被告某经销部将 X1 室的榻榻米产品拆除、办理该部分退货手续并退还该部分货款，于判决生效之日起 7 日内履行；驳回原告其他诉讼请求。

释法析理

《中华人民共和国民法典》第1205条明确规定，"因产品缺陷危及他人人身、财产安全的，被侵权人有权请求生产者、销售者承担停止侵害、排除妨碍、消除危险等侵权责任"。适用该规定的前提是产品存在缺陷危及人身财产安全，承担侵权责任的方式（目的）是停止侵害、排除妨碍、消除危险等。

本案中，X1室榻榻米产品中的底板不符合GB/T 18584-2001《室内装饰装修材料木家具中有害物质限量》，属于缺陷产品，危及人身安全，因此原告主张由某经销部将该榻榻米拆除、退货并要求某经销部退还相应货款的诉讼请求获得了法院支持，由被告对X1室榻榻米产品承担拆除、退货、退款侵权责任。X2室的榻榻米及橱柜，因原告未能提交足够的证据证明系缺陷产品危及人身安全，故原告对该室有关的主张未获法院支持。也就是说，虽然二室安装的家具出自同一个销售者，且尽管X2室的空气质量检测经司法鉴定为不合格，但由于二室的产品相对独立且可以分别对二室的产品直接进行鉴定，一室的产品存在缺陷危及人身安全并不能据此推理得出另一室的产品也存在缺陷危及人身安全。所以，因本案的现有证据不能证明X2室的榻榻米及橱柜系缺陷产品，也就不能让被告对该部分产品承担停止侵害、排除妨碍、消除危险等侵权责任。

相关法条

《中华人民共和国民法典》第一千二百零五条　因产品缺陷危及他人人身、财产安全的，被侵权人有权请求生产者、销售者承担停止侵害、排除妨碍、消除危险等侵权责任。

有缺陷的产品投入市场后销售者补救不力对扩大的损害承担侵权责任吗

◆（第 1206 条）◆

基本案情

吕某经人介绍在某美容诊所购买了某品牌的系列产品，并接受了该美容诊所的脸部皮肤美容服务。第二天，吕某面部出现大面积红肿，双面颊出现红斑、丘疹、瘙痒伴疼痛。自此，吕某每天都将使用产品后的面部情况及时告知了美容诊所工作人员杨某，但杨某嘱咐其继续使用。吕某面部的症状持续 1 个月后，到某医院住院治疗，诊断为玫瑰痤疮，住院治疗 43 天。经鉴定，吕某面部皮肤因故受损，其后遗症为人体损伤九级伤残。其间，卫生和计划生育部门以某美容诊所聘用非卫生技术人员杨某从事医学美容治疗活动为由，对美容诊所作了行政处罚。事后，吕某与美容诊所经营者、工作人员杨某协商赔偿未果，遂起诉至法院，请求法院判令二被告美容诊所和杨某承担赔偿责任。

问题描述

本案系因用户使用美容产品导致人身损害引发的产品责任侵权纠纷案件。原告认为，被告提供的产品系缺陷产品，且其在使用该产品出现面部红肿疼痛并告知情况下，被告仍引导其继续使用，应当承担侵权责任。被告则认为，原告所受损害系其个人过敏体质原因所致，其提供的系列产品有检验报告可以证明为合格产品，不应承担侵权责任。本案的争议焦点为，涉案美容产品是否为缺陷产品，被告在知晓原告使用产品后出现面部损害情形下不但未予以补救反而引导继续使用是否应当承担侵权责任。

裁判情况

本案经过一审、二审。法院经审理后认为，原告在美容诊所接受美容服务，并在美容诊所的指导下使用涉案美容产品，造成自身皮肤受损，应当认定涉案系列美容产品存在危及人身的不合理危险，且被告对这一危险是否属于合理范围未能举证证实，故应当认定涉案产品存在缺陷。原告面部出现大面积红肿后，被告应当立即召回该缺陷产品，但被告诊所不但不召回该产品，反而以"调理反应""排毒反应""治疗有一个慢慢过程"等为由，极力说服原告继续使用该产品，并诱导原告再次购买新的系列产品。后原告在被告杨某的指导下涂抹了更换后的系列产品，致使原告面部在大面积红肿的基础上又长满了红疙瘩，继而出现溃烂。因此，两被告违反法律规定的召回警示义务规定，其对原告面部毁容、造成九级伤残存在严重过错，依法应当承担全部的侵权赔偿责任。

裁判结论：二被告赔偿原告医疗费、住院伙食补助费、残疾赔偿金、护理费、交通费、鉴定费、精神损害抚慰金等费用20万余元，于本判决生效后10日内付清。

释法析理

《中华人民共和国民法典》第1206条第1款规定，"产品投入流通后发现存在缺陷的，生产者、销售者应当及时采取停止销售、警示、召回等补救措施；未及时采取补救措施或者补救措施不力造成损害扩大的，对扩大的损害也应当承担侵权责任"。也就是说，产品投入流通后发现存在缺陷并造成他人人身、财产发生损害的，不仅要因此承担侵权责任，而且也要承担因补救措施不力造成损害扩大的侵权责任。

　　本案原告使用某系列美容产品出现不良反应后，被告杨某仍指导其继续使用，而被告诊所"以医疗行为之名行销售化妆品之实"的行为又使得原告对其产生了远超一般化妆品销售者的信赖，且原告在初次出现不良反应后已经及时向被告反馈，在此情形下如仍将出现不良反应的风险过错归于原告，则显属不公平。因此，本案被告在知晓原告使用产品出现面部损害后不但未予以补救反而引导继续使用的行为，应当承担侵权责任。至于生产者、销售者在产品投入流通后发现存在缺陷时，应采取何种补救措施以减小损害，在法律规定中，中华人民共和国民法典列举了"停止销售"和"警示、召回"措施，实践中则应根据具体的情况采取相应的补救措施。

相关法条

　　《中华人民共和国民法典》第一千二百零六条　产品投入流通后发现存在缺陷的，生产者、销售者应当及时采取停止销售、警示、召回等补救措施；未及时采取补救措施或者补救措施不力造成损害扩大的，对扩大的损害也应当承担侵权责任。

　　依据前款规定采取召回措施的，生产者、销售者应当负担被侵权人因此支出的必要费用。

明知产品存在缺陷仍然生产、销售被侵权人可以要求惩罚性赔偿吗

（第 1207 条）

基本案情

一日，李某甲为了方便照顾女儿李某乙读书，在其女儿的学校附近承租了段某某的房屋。在李某甲搬进房屋居住前，段某某请钟某某在A电器批发店购买并自行安装了一台某品牌的燃气热水器。该热水器系B公司根据C公司的授权生产，A电器批发店从B公司处批量进货购买。李某甲家人入住半年后的一晚，李某甲及李某乙在该出租屋使用燃气热水器洗澡，次日被发现分别倒在大、小房间内床上。经病理检查，李某甲系中毒昏迷，李某乙系中毒身亡。后李某甲将A电器批发店及B公司、C公司等告上法庭，请求法院判令A电器批发店及B公司、C公司承担惩罚性的侵权赔偿责任等。

问题描述

本案系燃气热水器存在缺陷造成他人人身财产损害引发的产品责任侵权赔偿纠纷案件。原告认为，某品牌的燃气热水器存在缺陷是造成其女儿中毒身亡的直接原因。被告则以原告一家在密封状态下使用热水器、没有开窗通风造成事故发生等为由抗辩。本案的争议焦点是，该热水器产品是否存在缺陷，该热水器的销售者是否存在过错使产品存在缺陷，以及相关主体应承担的责任比例划分。

裁判情况

本案经过一审、二审。法院经审理后认为，经鉴定，涉案燃气热水器的燃具的气密性和烟气中的 CO 含量的检测结果不达标，不符合标准 GB 6932-2001《家用燃气快速热水器》的要求，系不合格的缺陷产品。B 公司作为缺陷产品的生产者，C 公司授权其生产，给原告造成损害，应当承担主要赔偿责任，结合本案案情，酌定承担 70% 为宜。钟某某作为非专业人员自行安装热水器，且未安装排烟管道，违反有关安装规定，是造成受害人死亡事故的原因之一，应承担次要赔偿责任，酌定承担 20% 的赔偿责任。受害人在门窗关闭状况下使用燃气热水器导致含有 CO 的烟气不能正常排至室外，对损害的发生也有过错，可以减轻侵权人的责任，酌定李某甲自负 10% 的责任。对原告的经济损失认定为医疗费、住院伙食补助费、后续治疗费、护理费、误工费、残疾赔偿金、交通费、鉴定费、丧葬费、死亡赔偿金等合计 100 万余元。法律规定，明知产品存在缺陷仍然生产、销售，造成他人死亡或者健康严重损害的，被侵权人有权请求相应的惩罚性赔偿。C 公司和 B 公司作为涉案热水器的生产者，明知该商品存在缺陷，仍然向消费者销售，造成了一死一伤的严重后果，依据消费者权益保护法的规定，应当承担原告所受损失 1 倍的惩罚性赔偿。A 电器批发店从正常渠道进货，善意销售涉案热水器，对该热水器的缺陷不存在过错，其不承担惩罚性赔偿责任。

裁判结论：B 公司、C 公司共同向原告支付惩罚性赔偿金 150 万余元（100 万余元 ×70% ×2），于判决生效之日起 10 日内付清。

释法析理

《中华人民共和国民法典》第 1207 条规定，"明知产品存在缺陷仍然生产、销售，或者没有依据前条规定采取有效补救措施，造成他人死亡或者健康严重损害的,被侵权人有权请求相应的惩罚性赔偿"。该规定明确了生产者、销售者对生产、销售的产品负有高度的安全保障注意义务,并强化了产品生产者、销售者对产品缺陷负有避免义务及补救责任,以确保对其生产、销售的产品无缺陷,保障人民群众的生命财产安全。本案中,B公司根据C公司的授权生产涉案热水器,B公司和C公司可视为该热水器的共同生产者。生产者对涉案热水器气密性和烟气中的CO含量的检测结果不达标、不符合标准GB 6932-2001《家用燃气快速热水器》的要求等,具有严格的质量检验义务,未尽到该义务则可推定为明知产品存在缺陷仍然生产,应当承担惩罚性赔偿责任。A电器批发店在本案中属于善意销售,也并非因为其过错造成了涉案热水器存在缺陷,因此不承担惩罚性赔偿责任。至于B公司和C公司承担惩罚性赔偿具体数额的认定,是在认定原告损失的基础上,按照B公司和C公司应承担的责任比例,并根据《中华人民共和国消费者权益保护法》第55条第2款规定的所受损失二倍以下的范围,酌情予以确定。

相关法条

1. **《中华人民共和国民法典》第一千二百零七条** 明知产品存在缺陷仍然生产、销售,或者没有依据前条规定采取有效补救措施,造成他人死亡或者健康严重损害的,被侵权人有权请求相应的惩罚性赔偿。

2. **《中华人民共和国消费者权益保护法》第四十九条** 经营者提供商品或者服务,造成消费者或者其他受害人人身伤害的,应当赔偿医疗费、护理费、交通费等为治疗和康复支出的合理费用,以及因误工减少的收入。造成残疾的,还应当赔偿残疾生活辅助具费和残疾赔偿金。造成死亡的,还应当赔偿丧葬费和死亡赔偿金。

3. **《中华人民共和国消费者权益保护法》第五十五条** 经营者提供商品或者服务有欺诈行为的,应当按照消费者的要求增加赔偿其受到的损失，增加赔偿的金额为消费者购买商品的价款或者接受服务的费用的三倍；增加赔偿的金额不足五百元的，为五百元。法律另有规定的，依照其规定。

经营者明知商品或者服务存在缺陷，仍然向消费者提供，造成消费者或者其他受害人死亡或者健康严重损害的，受害人有权要求经营者依照本法第四十九条、第五十一条等法律规定赔偿损失，并有权要求所受损失二倍以下的惩罚性赔偿。

汽车发生交通事故后如何划分赔偿责任

◆（第 1208 条）◆

基本案情

王某驾驶电动自行车沿新港三号路北侧道路由东向西行驶至北仑里站牌附近时，杨某驾驶小轿车在王某左后侧顺行方向超越王某时发生碰撞，造成王某受伤及电动自行车损坏的交通事故。道路交通事故现场图和勘验照片显示，交通事故发生的地点划分为机动车道和非机动车道，交通事故发生后，电动自行车倒放在非机动车道，小轿车停放在机动车道。鉴定意见为：小轿车右侧与电动自行车左侧接触。此次事故的道路交通事故证明载明："经调查未能找到其他证人能证实事故发生时王某所驾驶的电动自行车是否在机动车道内行驶，且该路段无视频监控设备。通过调查及当事人陈述无法查清事故成因。"经查，小轿车登记的所有人系宋某，宋某与杨某系夫妻关系，车辆为夫妻共同财产。该车在保险公司处投保机动车交通事故责任强制保险一份，第三者责任商业保险一份，保险金额20万元，不计免赔，交通事故发生在保险期间。

问题描述

王某诉至法院，主张两车在非机动车道上发生碰撞，请求赔偿医疗费、住院伙食补助费、交通费、误工费、护理费、残疾赔偿金、精神损害抚慰金、营养费、残疾辅助器具费、鉴定费合计202868.05元，上述损失保险公司在机动车交通事故责任强制保险限额及第三者责任商业保险范围内先行赔付，超出保险部分由杨某、宋某承担连带赔偿责任。杨某、宋某主张，两车在机动车道上发生碰撞，没有过错。保险公司答辩称，根据法律规定，杨某应承担不超过10%的赔偿责任。本案的争议焦点是，本次交通事故如何认定各自的责任并承担相应赔偿份额。

裁判情况

本案经过一审、二审。法院审理认为，对于交通事故的发生地点，双方各执一词，现无法查清，王某的过错无证据证明。本案系机动车与非机动车驾驶人之间发生交通事故，王某系非机动车驾驶人，没有证据证明王某有过错，根据法律规定，不能减轻机动车一方的赔偿责任。对于王某的经济损失，保险公司首先在机动车交通事故责任强制保险限额内赔偿。超出机动车交通事故责任强制保险限额的，保险公司在第三者责任商业保险范围内赔偿。鉴定费1820元不属于保险赔偿范围，由杨某、宋某连带赔偿。

裁判结论：被告保险公司在交强险限额内赔偿原告王某医疗费1万元、精神损害抚慰金1万元、残疾赔偿金10万元，合计人民币12万元；被告保险公司在商业三者险范围内赔偿原告王某医疗费65183.48元、住院伙食补助费1600元、交通费500元、误工费8306元、护理费11760元、残疾赔偿金18504元、营养费2250元、残疾辅助器具费4000元，合计人民币112103.48元；被告杨某、宋某连带赔偿原告王某鉴定费人民币 1820 元。

释法析理

道路交通事故损害赔偿案件是与社会民生密切相关的案件类型之一，道路交通事故损害赔偿案件呈逐年增长之势。道路交通事故损害赔偿案件不但案件数量众多，而且法律关系复杂，涉及归责原则、侵权责任、赔偿范围等侵权要素认定，实践中处理难度较大。《中华人民共和国民法典》第七编第五章对机动车交通事故侵权纠纷相关法律问题进行了专门规定。第1208条规定："机动车发生交通事故造成损害的，依照道路交通安全法律和本法的有关规定承担赔偿责任。""本条中所指道路交通安全法律"，主要是指《中华人民共和国道路交通安全法》的规定；"本法的有关规定"，主要是指《中华人民共和国民法典》总则编第八章"民事责任"中规定的不可抗力、正当防卫、紧急避险等不承担责任的情形，侵权责任编第一章"一般规定"中规定的与有过失、受害人故意、第三人侵权等减轻或者免除责任的情形，这些责任承担的特殊情况，需要在确定机动车交通事故责任时，结合具体案件考虑和适用。

根据《中华人民共和国道路交通安全法》第76条规定，即机动车发生交通事故造成损害的，首先由保险公司在机动车交强险责任限额范围内予以赔偿，交强险是解决道路交通事故赔偿问题的重要制度，机动车发生交通事故，都是先由保险公司在交强险责任限额内予以赔偿，不足的部分才由机动车一方承担赔偿责任。对于交强险责任限额范围内赔偿不足的责任承担，机动车之间发生交通事故的，适用过错责任原则；机动车与非机动车驾驶人、行人之间发生交通事故，主要适用过错推定原则；机动车一方没有过错的，承担不超过 10% 的赔偿责任，就此部分而言,机动车承担的是无过错责任。① 本案系机动车与非机动车驾驶人发生的交通事故,适用过错推定原则,王某的过错无证据证明,依据上述法律规定应由机动车一方承担赔偿责任,不能减轻机动车一方的赔偿责任,即先由保险公司在交强险责任限额内予以赔偿,由于肇事车辆还投保有商业保险,故对于交强险赔偿不足的部分,应由保险公司向王某赔偿商业保险金。

相关法条

1. 《中华人民共和国民法典》第一千二百零八条 机动车发生交通事故造成损害的,依照道路交通安全法律和本法的有关规定承担赔偿责任。

2. 《中华人民共和国道路交通安全法》第七十六条 机动车发生交通事故造成人身伤亡、财产损失的,由保险公司在机动车第三者责任强制保险责任限额范围内予以赔偿;不足的部分,按照下列规定承担赔偿责任:

(一) 机动车之间发生交通事故的,由有过错的一方承担赔偿责任;双方都有过错的,按照各自过错的比例分担责任。

(二) 机动车与非机动车驾驶人、行人之间发生交通事故,非机动车驾驶人、行人没有过错的,由机动车一方承担赔偿责任;有证据证明非机动车驾驶人、行人有过错的,根据过错程度适当减轻机动车一方的赔偿责任;机动车一方没有过错的,承担不超过百分之十的赔偿责任。

交通事故的损失是由非机动车驾驶人、行人故意碰撞机动车造成的,机动车一方不承担赔偿责任。

---

① 参考石宏主编:《中华人民共和国民法典立法精解》(下),中国检察出版社2020年版,第1622~1623页。

机动车之间发生交通事故但都未投保交强险如何划分赔偿责任

◆（第 1208 条）◆

基本案情

李某甲驾驶轿车沿 333 线由东向西行至 148km + 800m 处时，与李某乙驾驶的由北向南驶入 333 线后向左转弯的拖拉机相撞，造成被告李某乙受伤，同时原、被告两车损坏。该事故经公安局交警大队认定，李某甲未保持安全车速、措施不当，李某乙未让优先车辆通行，双方过错导致交通事故，且双方的违法行为对发生事故所起作用及过错的严重程度基本相同，李某甲、李某乙负事故的同等责任。经价格认证中心认证，李某甲因该次事故造成车辆损失 16690 元，支付鉴证费 500 元，采取保全措施看车费 440 元、拖车费 500 元。李某乙因该事故造成车辆损失 1720 元，支付鉴证费 300 元，因受伤支付医疗费 193 元。

问题描述

本案系一起普通的交通事故损害赔偿纠纷案例。李某甲诉至法院，要求判令李某乙赔偿损失。被告李某乙答辩称，原告起诉的是事实，但原告应负事故的主要责任，该事故在给原告造成车辆损失的同时，也给被告造成了车辆损失，并造成被告受伤，被告的损失也应该由原告给予赔偿。本案的争议焦点是，因当事双方机动车所有人或管理人均未投保交强险,双方所受损害的赔偿责任如何认定和承担。

裁判情况

法院审理认为,对公安局交警大队出具的事故认定书予以采信,原、被告双方事故车辆均为机动车辆,根据法律规定,双方除在交强险限额内赔偿对方损失外,就对方超出交强险责任限额的部分应再按责任分成予以赔偿。由于原、被告双方均未投保交强险,故原、被告双方应为自己的违法行为承担相应法律责任。根据查明的事实,被告李某乙在赔偿原告李某甲2000元的基础上,再赔偿原告超出交强险限额部分14690元及鉴证费、看车费、拖车费1440元的50%;被告的损失因未超出交强险责任限额,原告李某甲对被告李某乙的医疗费及财产损失应予全额赔偿。

裁判结论:被告李某乙赔偿原告李某甲财产损失9345元,鉴证费、看车费、拖车费的50%计720元;原告李某甲赔偿被告李某乙医疗费193元,财产损失1720元,鉴证费的50%计150元。上述款项折抵后,被告赔偿原告8002元。

释法析理

机动车交通事故责任强制保险,是指由保险公司对被保险机动车发生道路交通事故造成本车人员、被保险人以外的受害人的人身伤亡、财产损失,在责任限额内予以赔偿的强制性责任保险。它是我国第一个法定强制保险,执行全国统一责任限额、统一基础费率和统一保单条款。根据《机动车交通事故责任强制保险条例》第2条、第4条规定,在中华人民共和国境内道路上行驶的机动车的所有人或者管理人,应当依照中华人民共和国道路交通安全法的规定投保机动车交通事故责任强制保险;机动车管理部门应当依法对机动车参加机动车交通事故责任强制保险的情况实施监督检查。对未参加机动车交通事故责任强制保险的机动车，机动车管理部门不得予以登记，机动车安全技术检验机构不得予以检验。为了给交通事故受害人提供基本的救助保障，交强险保险人承担的是无过错责任，即投保了交强险的机动车不论被保险人在交通事故中是否有过错，只要造成了他人的人身损害和财产损失，保险公司均将在责任限额内予以赔偿，除非道路交通事故的损失是由受害人故意造成的，保险公司不予赔偿。对此，《中华人民共和国民法典》第1208条规定："机动车发生交通事故造成损害的，依照道路交通安全法律和本法的有关规定承担赔偿责任。"根据《中华人民共和国道路交通安全法》第76条规定，机动车发生交通事故造成人身伤亡、财产损失的，首先由保险公司在机动车第三者责任强制保险责任限额范围内予以赔偿；不足的部分才由机动车一方承担赔偿责任，机动车之间发生交通事故的，适用过错责任原则。本案中，机动车之间发生交通事故，但责任人未履行法律义务投保交强险，故引起的对本车人员和其他财产造成的损害，应当按照过错责任原则承担赔偿责任。

相关法条

1. 《中华人民共和国民法典》第一千二百零八条　机动车发生交通事故造成损害的，依照道路交通安全法律和本法的有关规定承担赔偿责任。

2. 《中华人民共和国道路交通安全法》第七十六条　机动车发生交通事故造成人身伤亡、财产损失的，由保险公司在机动车第三者责任强制保险责任限额范围内予以赔偿；不足的部分，按照下列规定承担赔偿责任：

（一）机动车之间发生交通事故的，由有过错的一方承担赔偿责任；双方都有过错的，按照各自过错的比例分担责任。

（二）机动车与非机动车驾驶人、行人之间发生交通事故，非机动车驾驶人、行人没有过错的，由机动车一方承担赔偿责任；有证据证明非机动车驾驶人、行人有过错的，根据过错程度适当减轻机动车一方的赔偿责任；机动车一方没有过错的，承担不超过百分之十的赔偿责任。

交通事故的损失是由非机动车驾驶人、行人故意碰撞机动车造成的，机动车一方不承担赔偿责任。

3.《机动车交通事故责任强制保险条例》第二条　在中华人民共和国境内道路上行驶的机动车的所有人或者管理人，应当依照《中华人民共和国道路交通安全法》的规定投保机动车交通事故责任强制保险。

机动车交通事故责任强制保险的投保、赔偿和监督管理，适用本条例。

4.《机动车交通事故责任强制保险条例》第四条　国务院保险监督管理机构依法对保险公司的机动车交通事故责任强制保险业务实施监督管理。

公安机关交通管理部门、农业（农业机械）主管部门（以下统称机动车管理部门）应当依法对机动车参加机动车交通事故责任强制保险的情况实施监督检查。对未参加机动车交通事故责任强制保险的机动车，机动车管理部门不得予以登记，机动车安全技术检验机构不得予以检验。

公安机关交通管理部门及其交通警察在调查处理道路交通安全违法行为和道路交通事故时，应当依法检查机动车交通事故责任强制保险的保险标志。

行人故意碰撞机动车造成损害机动车一方需要承担赔偿责任吗

◆（第 1208 条）◆

基本案情

行人赵某在邢台县医院北侧由东向西横过道路时，与沿开元路由南向北行驶的刘某驾驶的小型轿车发生接触。赵某因与刘某驾驶的小型轿车发生接触导致右胫腓骨骨折，事发当晚到邢台县医院就诊。次日凌晨2时转入冀中能源邢台矿业集团总医院住院治疗，花费医疗费24254元。经查，事发当晚赵某和其同学五人酒后在邢台县医院北侧等出租车，赵某向西走去拦出租车，在内车道处和刘某驾驶的小型轿车右侧发生接触。事故处理期间，公安局交通警察支队委托北京龙晟交通事故司法鉴定所对确定小型轿车与行人赵某是否发生过接触进行鉴定，该所作出的鉴定意见为：事故时小型轿车右侧车门与行人赵某右脚穿的鞋子发生过接触。

问题描述

赵某向法院起诉，请求依法判令被告刘某赔偿原告医药费、误工费、护理费、住院伙食补助费、营养费、交通费等共计55181.71元。刘某答辩称，赵某存在"碰瓷"行为，责任自负，其依法不应当承担民事赔偿责任。本案的争议焦点是，对汽车致伤赵某的行为，刘某是否应当承担赔偿责任。

裁判情况

本案经过一审、二审。法院审理认为，关于赵某受伤的原因，刘某驾驶小型轿车沿开元路由南向北正常行驶，赵某酒后在机动车道内拦截机动车，其行为明显不当。事故现场加油站的监控视频显示车辆从赵某身旁驶过时赵某右腿抬起，北京龙晟交通事故司法鉴定所的鉴定意见载明车辆的右侧车门与赵某的右脚穿的鞋子发生过接触，赵某右胫腓骨骨折符合暴力由远端作用传导至胫腓而形成，暴力作用方向为由内侧向外侧，原告赵某右胫腓骨骨折应为其抬脚踢向被告刘某驾驶的机动车所致。本次交通事故给原告赵某造成的损失系其故意造成的，被告刘某作为机动车一方在此次事故中没有过错，依法不承担赔偿责任。

裁判结论：驳回赵某的诉讼请求。

释法析理

《中华人民共和国民法典》第1208条规定："机动车发生交通事故造成损害的，依照道路交通安全法律和本法的有关规定承担赔偿责任。""本条中所指道路交通安全法律"，主要是指《中华人民共和国道路交通安全法》的规定；"本法的有关规定"，主要是指《中华人民共和国民法典》总则编"民事责任"中规定的不可抗力、正当防卫、紧急避险等不承担责任的情形，侵权责任编"一般规定"中规定的与有过失、受害人故意、第三人侵权等减轻或者免除责任的情形，这些责任承担的特殊情况，需要在确定机动车交通事故责任时，结合具体案件考虑和适用。《中华人民共和国道路交通安全法》第76条规定："机动车发生交通事故造成人身伤亡、财产损失的，由保险公司在机动车第三者责任强制保险责任限额范围内予以赔偿；不足的部分，按照下列规定承担赔偿责任：（一）机动车之间发生交通事故的，由有过错的一方承担赔偿责任；双方都有过错的，按照各自过错的比例分担责任。（二）机动车与非机动车驾驶人、行人之间发生交通事故，非机动车驾驶人、行人没有过错的，由机动车一方承担赔偿责任；有证据证明非机动车驾驶人、行人有过错的，根据过错程度适当减轻机动车一方的赔偿责任；机动车一方没有过错的，承担不超过百分之十的赔偿责任。交通事故的损失是由非机动车驾驶人、行人故意碰撞机动车造成的，机动车一方不承担赔偿责任。"即根据该条第2款规定，交通事故的损失是由非机动车驾驶人、行人故意碰撞机动车造成的，如行人"碰瓷"行为，机动车一方免责。根据《中华人民共和国民法典》第1174条规定（即侵权责任编"一般规定"中的受害人故意），同样可以得出机动车一方免责的结论。本案中，赵某的损失是由于其故意碰撞机动车造成的，故其要求刘某赔偿损失，没有事实和法律依据。

相关法条

1. 《中华人民共和国民法典》第一千一百七十四条　损害是因受害人故意造成的，行为人不承担责任。

2. 《中华人民共和国民法典》第一千一百七十五条　损害是因第三人造成的，第三人应当承担侵权责任。

3. 《中华人民共和国民法典》第一千二百零八条　机动车发生交通事故造成损害的，依照道路交通安全法律和本法的有关规定承担赔偿责任。

4. 《中华人民共和国道路交通安全法》第七十六条　机动车发生交通事故造成人身伤亡、财产损失的，由保险公司在机动车第三者责任强制保险责任限额范围内予以赔偿；不足的部分，按照下列规定承担赔偿责任：

（一）机动车之间发生交通事故的，由有过错的一方承担赔偿责任；

双方都有过错的，按照各自过错的比例分担责任。

（二）机动车与非机动车驾驶人、行人之间发生交通事故，非机动车驾驶人、行人没有过错的，由机动车一方承担赔偿责任；有证据证明非机动车驾驶人、行人有过错的，根据过错程度适当减轻机动车一方的赔偿责任；机动车一方没有过错的，承担不超过百分之十的赔偿责任。

交通事故的损失是由非机动车驾驶人、行人故意碰撞机动车造成的，机动车一方不承担赔偿责任。

将汽车借给他人发生交通事故造成损害车主要赔偿受害人吗

◆（第 1209 条）◆

基本案情

潘某无证驾驶小型轿车由北向南行驶到安徽省淮南市潘集区某小区东门北侧 50 米处，将同方向的行人刘某撞伤后逃离现场。淮南市公安局交通警察支队潘集大队研究认定：潘某负事故全部责任，刘某无责任。经司法鉴定中心鉴定，刘某人体损伤程度属重伤一级。依照相关法律规定，刘某的损失核定如下：（1）医疗费 94430.12 元；（2）护理费（住院）6978.4 元；（3）护理费（出院后）417560 元；（4）伙食补助费 1830 元；（5）营养费 4500 元；（6）鉴定费 5979.5 元；（7）交通费 305 元；（8）伤残赔偿金 447137.6 元；（9）财产损失 1000 元；（10）精神损害抚慰金 6 万元，合计 1039720.62 元。经查，肇事车辆系李某所有，在保险公司投保有交强险。

问题描述

法院审理期间，潘某表示愿意尽自己的能力赔偿被害方的损失，并与刘某达成赔偿协议，给付赔偿金，刘某自愿放弃包括通过诉讼方式获得的针对潘某的其他一切赔偿款项。肇事车辆的车主李某答辩称，赔偿主体不应是答辩人，肇事车辆虽然是答辩人所有，但是车辆是潘某擅自开走的，车主既不是出借人，也不是出租人，更不是雇主，且车辆是检验合格车辆，投保有交强险，车主对本次交通事故不承担民事赔偿责任。本案争议的焦点是，如何确定赔偿责任主体和划分赔偿责任。

裁判情况

本案经过一审、二审。法院审理认为，小型轿车系李某所有，其明知潘某无驾驶资格，仍将该车交由潘某驾驶，其有过错，应承担相应的赔偿责任。

裁判结论：李某赔偿刘某医疗费、护理费、伙食补助费、营养费、鉴定费、交通费、伤残赔偿金、精神损害抚慰金等损失283616.18元；保险公司在交强险医疗费限额内赔偿附带民事诉讼原告人刘某医疗费1万元，死亡伤残赔偿限额内赔偿附带民事诉讼原告人刘某伤残赔偿金5万元，在财产损失限额内赔偿附带民事诉讼原告人刘某财产损失1000元，合计61000元；潘某不再承担民事赔偿责任。

释法析理

机动车发生交通事故，属于该机动车一方责任的，当机动车所有人与使用人是同一人时，损害赔偿责任由所有人承担，这是一种常态。但在现实生活中，因出借、出租等情形使机动车与其所有人分离，机动车借用人、承租人为使用人的情形也是常见的。这就面临机动车发生交通事故后，是由机动车所有人还是使用人承担赔偿责任的问题。《中华人民共和国民法典》第1209条规定："因租赁、借用等情形机动车所有人、管理人与使用人不是同一人时，发生交通事故造成损害，属于该机动车一方责任的，由机动车使用人承担赔偿责任；机动车所有人、管理人对损害的发生有过错的，承担相应的赔偿责任。"本条中的"使用人",不仅包括借用人、承租人,还包括机动车维修期间的维修人、由他人保管期间的保管人等。如果维修人、保管人擅自驾驶机动车发生交通事故的,应由维修人、保管人承担赔偿责任。与此同时,机动车所有人出借、出租机动车时,应当对借用人进行必要的审查,比如借用人、承租人是否有驾驶资格;还应当保障机动车性能符合安全要求,比如车辆刹车是否灵敏等。机动车所有人没有尽到上述应有注意义务的,即为有过错,应当对因自己的过错造成的损害承担相应的赔偿责任。[①] 本案中,李某作为车辆所有人,明知潘某未取得机动车驾驶证,仍将车辆交由潘某驾驶,对事故的发生有明显过错,应承担相应的赔偿责任,综合李某的过错情况,其承担30%的赔偿责任为宜。肇事车辆在保险公司投保有交强险,保险公司依法应在交强险范围内予以赔偿。

相关法条

1. 《中华人民共和国民法典》第一千二百零九条　因租赁、借用等情形机动车所有人、管理人与使用人不是同一人时,发生交通事故造成损害,属于该机动车一方责任的,由机动车使用人承担赔偿责任;机动车所有人、管理人对损害的发生有过错的,承担相应的赔偿责任。

2. 《中华人民共和国民法典》第一千二百一十三条　机动车发生交通事故造成损害,属于该机动车一方责任的,先由承保机动车强制保险的保险人在强制保险责任限额范围内予以赔偿;不足部分,由承保机动车商业保险的保险人按照保险合同的约定予以赔偿;仍然不足或者没有投保机动车商业保险的,由侵权人赔偿。

[①] 参考石宏主编:《中华人民共和国民法典立法精解》(下),中国检察出版社2020年版,第1623~1624页。

卖车后未过户发生交通事故致人损害原车主是否承担赔偿责任

◆（第 1210 条）◆

基本案情

陈某驾驶轻型普通货车搭载黄某甲、黄某乙，沿翔安区 413 线由北往南行驶至古宅村路段弯道翻车，造成黄某甲、黄某乙受伤和货车及货车所载蔬菜损坏的后果。厦门市公安局交警支队翔安大队对该事故作出道路交通事故认定书，认定被告负事故的全部责任，黄某甲、黄某乙均不负事故责任。事故发生后，黄某甲即被送往厦门市第三医院治疗，其间共住院治疗 51 天。黄某甲的伤情经鉴定被评定为七级附加十级伤残，后续取内固定物的费用约为 9000 元。经查，轻型普通货车的登记所有人系苏某，实际所有人系陈某，该车系陈某向苏某购买所得，但未办理过户手续。

问题描述

法院审理期间，原告黄某甲认为苏某系肇事车辆的实际所有人，应当承担共同赔偿责任。被告苏某答辩称，其于 2009 年以 6 万元的价格将轻型普通货车转让给被告陈某，但未办理相关的过户手续，并提供被告陈某在厦门市公安局交警支队翔安大队所作的询问笔录。庭审过程中，被告陈某也当庭确认轻型普通货车系其向被告苏某购买所得，但未办理车辆过户登记手续。本案的争议焦点是，原车主苏某是否承担共同赔偿责任。

裁判情况

法院审理认为，被告陈某驾驶普通货车发生交通事故，造成原告黄某甲及案外人黄某乙受伤，该事故经交警部门作出责任认定，被告陈某负事故的全部责任，原告黄某甲因该事故所造成的合理损失应由被告陈某承担赔偿责任。被告陈某在厦门市公安局交警支队翔安大队所作的询问笔录系其真实意思表示，应认定被告苏某与被告陈某之间的车辆买卖合同关系合法有效，原告黄某甲主张被告苏某承担赔偿责任的诉讼请求，缺乏相应的法律依据，法院不予支持。

裁判结论：被告陈某付给原告黄某甲赔偿款504538.21元。

释法析理

《中华人民共和国道路交通安全法》第12条规定，机动车所有权发生转移时，应当办理登记。在现实生活中，存在机动车已经通过买卖、赠与等方式转让，也向买受人交付了机动车，但是没有办理登记手续，甚至还存在连环转让机动车但都没有办理登记的情形。这就面临机动车发生交通事故后，如何确定赔偿责任主体和划分赔偿责任的问题。《中华人民共和国民法典》第1210条规定："当事人之间已经以买卖或者其他方式转让并交付机动车但是未办理登记，发生交通事故造成损害，属于该机动车一方责任的，由受让人承担赔偿责任。"即当事人之间已经以买卖、赠与等方式转让并交付机动车但未办理登记的，原机动车所有人已经不是真正的所有人，更不是机动车的占有人，不具有机动车的实质所有权，丧失了对机动车运行支配的能力，也不具有防范事故发生的控制力。在机动车发生事故后，仍然要求其承担赔偿责任，是不合理、不公平的。赔偿义务应当由买受人、受赠人等对机动车运行有实质影响力和支配力的机动车的实际所有人、占有人来承担。① 本案中，被告苏某与被告陈某之间的车辆买卖合同关系合法有效，发生交通事故后属于该机动车一方责任的，应由被告陈某承担赔偿责任。

相关法条

1.《中华人民共和国民法典》第一千二百一十条　当事人之间已经以买卖或者其他方式转让并交付机动车但是未办理登记，发生交通事故造成损害，属于该机动车一方责任的，由受让人承担赔偿责任。

2.《中华人民共和国道路交通安全法》第十二条　有下列情形之一的，应当办理相应的登记：

（一）机动车所有权发生转移的；

（二）机动车登记内容变更的；

（三）机动车用作抵押的；

（四）机动车报废的。

---

① 参考石宏主编：《中华人民共和国民法典立法精解》（下），中国检察出版社2020年版，第1624~1625页。

挂靠从事运输经营活动发生交通事故被挂靠人要赔偿受害人吗

（第 1211 条）

基本案情

陈某驾驶重型特殊结构货车沿 G18 高速引线由南向北行驶至保定市徐水区智兴路口处右转弯时，撞上骑自行车的张某，造成车辆损坏、张某受伤的交通事故。该事故经保定市徐水区公安交通警察大队认定，陈某应负此事故的全部责任，张某无责任。张某受伤后被送往保定市徐水区人民医院进行救治，同日由救护车转往北京市水利医院住院治疗，住院 95 天，支付医疗费 333873.94 元、救护车费 4520 元。经查，白某系肇事车辆的实际所有权人，该车挂靠在某运输公司名下运营，陈某系白某雇用的司机，事故发生时正在执行工作任务。肇事车辆在保险公司投保交强险和赔偿限额为 100 万元的第三者责任保险，投保有不计免赔，本次事故发生在保险期间。

问题描述

法院审理期间，原告张某请求陈某和某运输公司共同赔偿医疗费、救护车费共计 338393.94 元。被告某运输公司答辩称，公司并非实际车主，白某为事故车辆的车主，白某将其以按揭方式购买的汽车挂靠至我公司处，白某亲自书写的挂靠声明"为经营运输方便，将购车发票及行驶证户名写为我公司";我公司未收取白某任何费用,未分享车辆运营收益,不支配车辆运营;我公司未因挂靠获取任何利益,仅是因为国家政策而与白某形成挂靠合作,从公平角度而言,我公司不应承担责任;请法院依法查清事实,从公平原则及实质权利义务角度出发,驳回原告对我公司的诉讼请求。白某质证称,我挂靠某运输公司有书面的合同文字,所产生的交通事故的任何赔偿均由我承担,所有的事情与某运输公司无关。本案的争议焦点是,被挂靠单位某运输公司是否承担赔偿责任以及如何承担。

裁判情况

法院审理认为,因本次交通事故给张某造成的损失,应首先由保险公司在交强险的赔偿限额内赔偿原告,超出部分由陈某负担。陈某系白某的雇佣司机,事故发生时,正在执行工作任务,故应由雇主白某承担赔偿责任。某运输公司系肇事车辆的挂靠人,应与被挂靠人白某承担连带赔偿责任,某运输公司不承担责任的辩解意见于法无据,本院不予采信。

裁判结论:原告张某的损失有医疗费333873.94元、救护车费4520元,共计338393.94元,由被告保险公司在交强险的医疗费用赔偿限额内赔偿原告张某1万元,在死亡伤残赔偿限额内赔偿原告张某4520元,共计14520元;被告白某、某运输公司应连带赔偿原告张某的剩余损失323873.94元,由保险公司在第三者责任保险的赔偿限额内直接赔偿给原告张某。

释法析理

机动车挂靠从事运输经营活动,是指为了交通营运过程中的方便,将车辆登记为某个具有运输经营权资质的经营主体名下,以该主体的名义进行运营的形式，挂靠者一般均向被挂靠主体支付一定的费用。实践中，以挂靠方式从事道路运输经营活动屡见不鲜，这种运营方式涉及多个主体，具有隐蔽性，虽然挂靠双方签订有关运输经营的合同或内部协议，但发生交通事故造成损害时，被侵权人无法从外观上区别挂靠机动车是否属于被挂靠主体，因此极易引发纠纷。《中华人民共和国民法典》第1211条规定："以挂靠形式从事道路运输经营活动的机动车，发生交通事故造成损害，属于该机动车一方责任的，由挂靠人和被挂靠人承担连带责任。"之所以作出这样的规定，主要是被挂靠主体接受车辆挂靠，应当对该车辆有没有从事运输活动的能力进行核查和负责，从而控制风险。并且，本条规定的挂靠包括经营性挂靠和行政强制性挂靠，即被挂靠人不能以自己未收取任何费用为由免责。① 本案中，肇事车辆挂靠某运输公司运营，发生交通事故造成损害，属于该机动车一方责任的，某运输公司应承担连带赔偿责任。

相关法条

1.《中华人民共和国民法典》第一千一百九十二条　个人之间形成劳务关系，提供劳务一方因劳务造成他人损害的，由接受劳务一方承担侵权责任。接受劳务一方承担侵权责任后，可以向有故意或者重大过失的提供劳务一方追偿。提供劳务一方因劳务受到损害的，根据双方各自的过错承担相应的责任。

提供劳务期间，因第三人的行为造成提供劳务一方损害的，提供劳务一方有权请求第三人承担侵权责任，也有权请求接受劳务一方给予补偿。接受劳务一方补偿后，可以向第三人追偿。

---

① 参考石宏主编：《中华人民共和国民法典立法精解》（下），中国检察出版社2020年版，第1626页。

2.《中华人民共和国民法典》第一千二百一十一条　以挂靠形式从事道路运输经营活动的机动车，发生交通事故造成损害，属于该机动车一方责任的，由挂靠人和被挂靠人承担连带责任。

汽车被偷开期间发生交通事故致人损害车主要赔偿受害人吗

(第 1212 条)

基本案情

徐某甲醉酒后无证驾驶鲁H×××××V号小型轿车沿金张线由南向北行驶至山东省金乡县肖云镇吕庄村北处逆行时，与对向行驶的赵某驾驶的鲁R×××××3号小型轿车相撞，致赵某车辆受损。金乡县交警大队认定，徐某承担事故全部责任。经旧机动车鉴定评估有限公司鉴定，赵某车损为63795元。赵某还支出司法鉴定费3000元、施救费1000元。经查，鲁H×××××V号小型轿车系徐某乙所有，系徐某甲醉酒后偷开造成该事故。

问题描述

赵某请求法院判令被告徐某甲、徐某乙赔偿车损、鉴定费、救援费共计8万元；徐某乙答辩称，本人将车辆及车钥匙放在家中已经尽到义务，没有过错，任何人都不会预见或者联想到其行为会对他人造成损害，发生交通事故车辆系徐某甲偷开造成，并不是其将车辆借给徐某甲的，原告的损害后果是由徐某甲的驾驶行为直接单独造成的，本人对原告损害事实的发生无法律上的因果关系。徐某甲答辩称，徐某乙没有责任。本案的争议焦点是，在肇事车辆系他人未经允许偷开的情况下，车主是否应当承担损害赔偿责任。

裁判情况

本案经过一审、二审。法院审理认为，金乡县公安局交通警察大队作出的道路交通事故认定书为有效证据，被告徐某甲负事故全部责任，应依法赔偿原告合理合法的经济损失，被告徐某乙作为肇事车辆所有人对车辆管理不善应负相应民事责任。

裁判结论：被告徐某甲赔偿原告赵某各项经济损失 52636 元，被告徐某乙赔偿原告赵某各项经济损失 13159 元。

释法析理

实践中，未经机动车所有人允许而驾驶他人机动车，发生交通事故导致损害的情形并不少见。如亲朋好友有车辆的钥匙，其在没有告知机动车所有人的情况下驾车外出；机动车所有人将车辆送维修厂修理，修好后还没有取回，维修厂工人擅自驾驶车辆；等等。这些行为均非以取得机动车所有权为目的，主观恶性较小，因而不是刑事违法行为，在发生交通事故造成损害时，属于机动车一方责任的，就面临是由机动车所有人还是使用人承担赔偿责任的问题。《中华人民共和国民法典》第1212条规定："未经允许驾驶他人机动车，发生交通事故造成损害，属于该机动车一方责任的，由机动车使用人承担赔偿责任；机动车所有人、管理人对损害的发生有过错的，承担相应的赔偿责任，但是本章另有规定的除外。"据此，一般情况下，未经允许偷开他人汽车，发生交通事故造成损害需要承担赔偿责任的，由偷开人承担赔偿责任，但是如果车主没有履行一般人应有的谨慎注意义务，即属"对损害的发生有过错"，应当在过错范围内承担相应的责任。需要注意的是，本条规定的但书"本章另有规定的除外"仅指《中华人民共和国民法典》第1215条规定的"盗窃人、抢劫人或者抢夺人与机动车使用人不是同一人，发生交通事故造成损害，属于该机动车一方责任的，由盗窃人、抢劫人或者抢夺人与机动车使用人承担连带责任"。① 本案中，被告徐某负事故全部责任，应依法赔偿原告合理合法的经济损失，徐某乙作为肇事车辆的所有人，对车辆的管理负有必要的注意义务，其对车辆管理不善，致徐某甲醉酒后无证驾驶其车辆发生交通事故，应负相应的过错责任，根据被告过错程度，酌定被告徐某甲、徐某乙分别承担80%、20%的民事赔偿责任。

相关法条

1.《中华人民共和国民法典》第一千二百一十二条 未经允许驾驶他人机动车，发生交通事故造成损害，属于该机动车一方责任的，由机动车使用人承担赔偿责任；机动车所有人、管理人对损害的发生有过错的，承担相应的赔偿责任，但是本章另有规定的除外。

2.《中华人民共和国民法典》第一千二百一十五条 盗窃、抢劫或者抢夺的机动车发生交通事故造成损害的，由盗窃人、抢劫人或者抢夺人承担赔偿责任。盗窃人、抢劫人或者抢夺人与机动车使用人不是同一人，发生交通事故造成损害，属于该机动车一方责任的，由盗窃人、抢劫人或者抢夺人与机动车使用人承担连带责任。

保险人在机动车强制保险责任限额范围内垫付抢救费用的，有权向交通事故责任人追偿。

---

① 参考石宏主编：《中华人民共和国民法典立法精解》（下），中国检察出版社2020年版，第1627页。

既投保了交强险又投保了商业保险发生交通事故造成损害如何确定赔偿顺序

◆（第 1213 条）◆

基本案情

周某甲驾驶普通二轮摩托车由鸭江沿鸭大路往大河嘴方向行驶，行驶至重庆市武隆区鸭大路 12KM+600M 时，与熊某驾驶的对向行驶的重型自卸货车发生碰撞，造成周某甲受伤，送医院抢救过程中死亡、两车受损的交通事故。重庆市武隆区公安局交通巡逻警察支队出具道路交通事故认定书，认定周某甲承担本起交通事故的主要责任，熊某承担本起交通事故的次要责任。事故发生后，周某甲在医院抢救产生各项费用共计 7546.16 元。熊某支付卫生院的救护车费、材料费、急救费及出诊费等共计 994.8 元，并垫付丧葬费 5 万元。经查，熊某系重型自卸货车实际所有人，该车挂靠于某物流公司，并实际登记在某物流公司名下。重型自卸货车在保险公司投保了机动车第三者责任强制保险和商业三者险 100 万元，事故在保险期限内。另，周某甲生前从事民间坟墓修建工作，与妻子黄某共同生育周某乙、周某丙、周某丁三个子女。

问题描述

黄某、周某乙、周某丙、周某丁向法院起诉，请求判决熊某、某物流公司、保险公司承担共同赔偿责任，向己方支付死亡赔偿金、被扶养人生活费、丧葬费、精神损害抚慰金等费用共计454332元。保险公司答辩称，损害赔偿在交强险内优先赔付，此外，熊某、某物流公司应当和商业保险分别承担相应赔偿责任。熊某、某物流有限公司未予答辩。因重型自卸货车在保险公司投保有交强险和商业险，故本案争议的焦点问题是，如何确定两种保险和熊某、某物流公司的赔偿顺序。

裁判情况

本案经过一审、二审。法院审理认为，行为人因过错侵害他人民事权益，应当承担侵权责任。本案中，周某甲因熊某的侵权行为死亡，其近亲属即黄某、周某乙、周某丙、周某丁有权向人民法院提起诉讼要求侵权人承担赔偿责任。根据交通管理部门作出的道路交通事故认定书，周某甲驾驶机动车行至事故地点超车时与对向来车相撞，熊某驾驶车辆超速行驶增大事故损害后果，结合双方的过错程度及事故发生的原因等情况，熊某承担30%的责任，周某甲自行承担70%的责任。重型自卸货车在保险公司投保了交强险和商业三者险，黄某、周某乙、周某丙、周某丁的损失应由保险公司在交强险责任限额范围内赔偿；不足部分，根据商业保险合同予以赔偿；仍有不足的，由侵权人予以赔偿。熊某将肇事车辆挂靠于某物流公司名下并从事道路运输营运活动，应由熊某与某物流公司承担连带赔偿责任。

裁判结论：保险公司赔偿黄某、周某乙、周某丙、周某丁各项损失共计301952.56元。

释法析理

实践中，不少机动车既投保了交强险又投保了商业保险，当发生交通事故造成损害时，如何确定机动车强制保险与商业保险以及侵权人的赔偿顺序是需要解决的重要问题。中华人民共和国民法典出台以前，分散规定了机动车强制保险赔偿，但并未规定机动车商业保险，也没有规定强制保险、商业保险和侵权人的赔偿顺序，适用法律存在空白，实践中因此发生纠纷较多。《中华人民共和国民法典》第1213条规定："机动车发生交通事故造成损害，属于该机动车一方责任的，先由承保机动车强制保险的保险人在强制保险责任限额范围内予以赔偿；不足部分，由承保机动车商业保险的保险人按照保险合同的约定予以赔偿；仍然不足或者没有投保机动车商业保险的，由侵权人赔偿。"根据本条规定，汽车发生交通事故造成损害的，先由承保机动车强制保险的保险人在强制保险责任限额范围内予以赔偿，不足部分，由承保机动车商业保险的保险人根据保险合同的约定予以赔偿；仍然不足的，由侵权人赔偿。这种保险前置、侵权人托底的规定，有利于及时救济受害人，分散机动车使用人的风险，最大限度上平衡了强制保险、商业保险和侵权人的责任和义务。[①] 本案中，周某甲医疗费8540.96元，并未超过交强险医疗费用赔偿限额，故医疗费应当在交强险医疗费用赔偿限额内赔付；死亡赔偿金、丧葬费等合计赔偿884688元，由保险公司在交强险死亡伤残赔偿限额内赔付11万元，剩余774688元，由保险公司在商业三者险范围内赔偿30%，即232406.40元；周某甲驾驶的普通二轮摩托车因事故损坏而报废损失2000元，属于交强险财产损失赔偿范围项目，由保险公司在交强险财产损失赔偿限额内赔付。因交强险、商业保险足以赔偿黄某、周某乙、周某丙、周某丁的各项损失，故侵权人熊某与某物流公司不再承担赔偿责任。

[①] 参考石宏主编：《中华人民共和国民法典立法精解》（下），中国检察出版社2020年版，第1628~1629页。

相关法条

《中华人民共和国民法典》第一千二百一十三条　机动车发生交通事故造成损害，属于该机动车一方责任的，先由承保机动车强制保险的保险人在强制保险责任限额范围内予以赔偿；不足部分，由承保机动车商业保险的保险人按照保险合同的约定予以赔偿；仍然不足或者没有投保机动车商业保险的，由侵权人赔偿。

驾驶报废机动车发生交通事故致人损害驾驶人与原车主如何承担赔偿责任
（第1214条）

基本案情

胡某驾驶摩托车与骑自行车的陈某发生碰撞，造成陈某受伤，胡某驾车逃逸。交警部门认定胡某负事故全部责任。胡某及朱某均陈述，肇事摩托车由朱某转让给胡某，转让时间晚于2014年。案涉摩托车车辆信息显示：登记车主朱某，初始登记时间2007年2月12日，年检有效期至2009年2月28日，2018年2月12日强制注销登记。原告陈某向法院起诉，请求判令原告因交通事故产生的医疗费107169.85元，由被告胡某赔偿，被告朱某承担连带赔偿责任。

问题描述

事故发生后和法院审理期间，被告胡某主动垫付医疗费60220元。被告朱某答辩称，其摩托车几年前就已经转让，且期间均正常行驶，未发生交通事故，摩托车和陈某发生碰撞时，胡某是车辆的实际所有人，朱某并未实施侵权行为，其与陈某的伤害后果没有因果关系，不应当承担赔偿责任，并且公安机关车辆管理部门并未认定肇事摩托车为报废车。本案的争议焦点是，肇事车辆的原车主朱某是否承担赔偿责任；若承担责任，如何划分其赔偿责任。

裁判情况

本案经过一审、二审。法院审理认为，胡某、朱某均称胡某通过买卖方式取得案涉摩托车，而该车年检至2009年2月28日后再未年检，在胡某、朱某所述摩托车买卖时，已符合"在检验期届满后连续3个机动车检验周期内未取得机动车检验合格标志"的报废标准，可以认定该车在买卖时符合法律所规定的报废情形，并不必须以车辆管理机关作出的认定结论为前提。胡某应当为其致害行为承担赔偿责任，出卖人朱某依法应承担连带赔偿责任。

裁判结论：减去被告胡某已垫付的60220元，判决胡某赔偿陈某医疗费损失46949.85元，朱某承担连带赔偿责任。

释法析理

报废机动车，是指包括汽车、摩托车、农用运输车在内，达到国家报废标准，或者虽未达到国家报废标准，但发动机或者底盘严重损坏，经检验不符合国家机动车运行安全技术条件或者国家机动车污染物排放标准的机动车。我国现行法律对报废机动车的认定、处置措施等作出了规定并禁止其上路行驶。根据《中华人民共和国道路交通安全法》第14条规定，国家实行机动车强制报废制度，根据机动车的安全技术状况和不同用途，规定不同的报废标准；应当报废的机动车必须及时办理注销登记；达到报废标准的机动车不得上道路行驶；报废的大型客、货车及其他营运车辆应当在公安机关交通管理部门的监督下解体。该法第100条还规定："驾驶拼装的机动车或者已达到报废标准的机动车上道路行驶的，公安机关交通管理部门应当予以收缴，强制报废。对驾驶前款所列机动车上道路行驶的驾驶人，处二百元以上二千元以下罚款，并吊销机动车驾驶证。出售已达到报废标准的机动车的，没收违法所得，处销售金额等额的罚款,对该机动车依照本条第一款的规定处理。"

从民事责任的角度,《中华人民共和国民法典》第1214条规定,"以买卖或者其他方式转让拼装或者已经达到报废标准的机动车,发生交通事故造成损害的,由转让人和受让人承担连带责任"。已经达到报废标准的机动车,由于其不能达到机动车上路行驶的安全标准,上路行驶后极易造成其他机动车、非机动车驾驶人和行人的损害,因此,转让已经达到报废标准的机动车,具有违法性,应当承担相应责任。对以买卖、赠与等方式转让已经达到报废标准的机动车,转让人和受让人承担连带责任,从而更好保护人民群众的生命财产安全,在受害人遭受损害时,可以获得较为充分的损害赔偿。需要注意的是,认定报废机动车只需符合法定标准即可,即符合《机动车强制报废标准规定》所确定的情形,至于是否须经过公安机关车辆管理部门的程序认定,不作强制要求。本案中,基于胡某和朱某所陈述的车辆买卖时间以及车辆的检验状况,可以认定该车在买卖时符合法律所规定的报废情形,出卖人朱某依法应承担连带赔偿责任。

相关法条

1.《中华人民共和国民法典》第一千二百一十四条　以买卖或者其他方式转让拼装或者已经达到报废标准的机动车,发生交通事故造成损害的,由转让人和受让人承担连带责任。

2.《中华人民共和国道路交通安全法》第十四条　国家实行机动车强制报废制度,根据机动车的安全技术状况和不同用途,规定不同的报废标准。

应当报废的机动车必须及时办理注销登记。

达到报废标准的机动车不得上道路行驶。报废的大型客、货车及其他营运车辆应当在公安机关交通管理部门的监督下解体。

3.《中华人民共和国道路交通安全法》第一百条 驾驶拼装的机动车或者已达到报废标准的机动车上道路行驶的，公安机关交通管理部门应当予以收缴，强制报废。

对驾驶前款所列机动车上道路行驶的驾驶人，处二百元以上二千元以下罚款，并吊销机动车驾驶证。

出售已达到报废标准的机动车的，没收违法所得，处销售金额等额的罚款，对该机动车依照本条第一款的规定处理。

汽车被盗后发生交通事故造成损害车主和保险公司是否承担赔偿责任
◆（第 1215 条）◆

基本案情

吴某驾驶盗窃所得的贵A×××××号小型普通客车由宝山南路经水口寺、水东路往东二环方向行驶，当行驶至贵阳市××水东路密宗川菜商铺路段时，与申某驾驶的贵C×××××号小型轿车发生交通事故，导致两车受损、贵C×××××号车辆上乘客肖某受伤。贵阳市公安交通管理局云岩区分局作出道路交通事故认定书，认定吴某未取得机动车驾驶证、驾驶机动车未确保安全距离，是造成此次事故的全部原因，吴某负事故全部责任，申某、肖某无责任。事故发生后，申某将车辆送往汽车修理店维修，支出维修费4944元。经查，贵C×××××号车辆所有权人为申某；吴某驾驶的贵A×××××号车辆系盗窃所得，该车辆登记所有权人为黄某，且在保险公司投保机动车交通事故责任强制保险，事故发生在保险期间内。

问题描述

申某向法院起诉，请求判令被告吴某、黄某赔偿原告车辆修理费4944元，并判令被告保险公司在保险限额内承担赔偿责任。黄某答辩称：其找不到吴某，找到也没用，其意见是根据法律规定，如果该保险公司赔偿的，就由保险公司赔偿。保险公司答辩称：根据保险条例规定，被盗车辆不在保险公司方赔偿范围。吴某未提交答辩意见。本案的争议焦点是，肇事车辆的车主黄某是否承担赔偿责任，以及保险公司是否应在交强险保险限额内承担赔偿责任。

裁判情况

本案经过一审、二审。法院经审理认为，公民财产权受法律保护，侵权人因侵权行为造成他人财产受损的，应承担赔偿责任；本案交通事故经贵阳市公安交通管理局云岩区分局认定，吴某负全部责任，申某、肖某无责任，双方当事人均无异议，予以确认；原告所有的贵C××××号车辆因本案交通事故受损，原告支出维修费4944元，有维修费发票、维修清单佐证，予以支持；对于赔偿责任的承担，根据法律有关规定，原告的损失应由被告吴某承担赔偿责任。

裁判结论：被告吴某赔偿原告申某车辆修理费4944元。

释法析理

根据《中华人民共和国民法典》第1212条规定，未经允许驾驶他人机动车，发生交通事故造成损害，属于该机动车一方责任的，由机动车使用人承担赔偿责任；机动车所有人、管理人对损害的发生有过错的，承担相应的赔偿责任。但是适用该条规定还有例外情形，就是盗窃、抢劫或者抢夺机动车发生交通事故造成损害的，由盗窃人、抢劫人或者抢夺人承担赔偿责任，即《中华人民共和国民法典》第1215条第1款前半段的规定，"盗窃、抢劫或者抢夺的机动车发生交通事故造成损害的，由盗窃人、抢劫人或者抢夺人承担赔偿责任"。这种情况下，机动车所有人因为盗抢者的严重违法犯罪行为丧失对机动车运行的支配力和管理能力，即使存在保管上的疏忽,也与机动车后续发生交通事故没有直接因果关系,因此,应当由盗抢者承担发生交通事故后的损害赔偿责任,而机动车所有人不承担赔偿责任。

另外,实践中还存在盗抢者将机动车出售、出租、出借、赠送的情况,之后发生交通事故造成损害的,此时的机动车使用人和盗抢者不是同一人,根据《中华人民共和国民法典》第1215条第1款后半段的规定,"盗窃人、抢劫人或者抢夺人与机动车使用人不是同一人,发生交通事故造成损害,属于该机动车一方责任的,由盗窃人、抢劫人或者抢夺人与机动车使用人承担连带责任"。需要注意的是,《机动车交通事故责任强制保险条例》第22条规定:"有下列情形之一的,保险公司在机动车交通事故责任强制保险责任限额范围内垫付抢救费用,并有权向致害人追偿:(一)驾驶人未取得驾驶资格或者醉酒的;(二)被保险机动车被盗抢期间肇事的;(三)被保险人故意制造道路交通事故的。有前款所列情形之一,发生道路交通事故的,造成受害人的财产损失,保险公司不承担赔偿责任。"该规定与《中华人民共和国民法典》第1215条第2款的规定相呼应,即保险人在机动车强制保险责任限额范围内垫付抢救费用的,有权向交通事故责任人追偿,从而进一步预防和加大对盗抢机动车行为的惩罚力度,同时也明确,对受害人的财产损失,保险公司不承担赔偿责任。本案中,根据查明的事实,原告的损失应由盗窃人吴某承担赔偿责任,因申某诉请的是车辆的维修费,并非人身损害的抢救费用,故保险公司不承担赔偿责任。

相关法条

1.《中华人民共和国民法典》第一千二百一十二条　未经允许驾驶他人机动车,发生交通事故造成损害,属于该机动车一方责任的,由机动车使用人承担赔偿责任;机动车所有人、管理人对损害的发生有过错的，承担相应的赔偿责任，但是本章另有规定的除外。

2. 《中华人民共和国民法典》第一千二百一十五条 盗窃、抢劫或者抢夺的机动车发生交通事故造成损害的，由盗窃人、抢劫人或者抢夺人承担赔偿责任。盗窃人、抢劫人或者抢夺人与机动车使用人不是同一人，发生交通事故造成损害，属于该机动车一方责任的，由盗窃人、抢劫人或者抢夺人与机动车使用人承担连带责任。

保险人在机动车强制保险责任限额范围内垫付抢救费用的，有权向交通事故责任人追偿。

3. 《机动车交通事故责任强制保险条例》第二十二条 有下列情形之一的，保险公司在机动车交通事故责任强制保险责任限额范围内垫付抢救费用，并有权向致害人追偿：

（一）驾驶人未取得驾驶资格或者醉酒的；

（二）被保险机动车被盗抢期间肇事的；

（三）被保险人故意制造道路交通事故的。

有前款所列情形之一，发生道路交通事故的，造成受害人的财产损失，保险公司不承担赔偿责任。

驾驶汽车发生交通事故后逃逸保险公司能否拒赔

◆（第 1216 条）◆

基本案情

张某甲驾驶货车由南向北行驶至灯塔市河黑线柳条寨镇政府北 700 米处与行人马某、金某相撞发生交通事故，造成马某经抢救无效死亡、金某受伤、车辆损坏的后果。事故发生后张某甲驾车逃逸，并找别人为其顶包，后被办案单位查实。此事故经灯塔市公安局交通管理大队作出事故认定，张某甲负事故的全部责任，马某、金某无责任。金某受伤后被送至辽阳市中心医院住院治疗，主要诊断为复合型外伤，住院治疗 23 天，其间一级护理 7 天，二级护理 16 天。金某申请了伤残等级鉴定，鉴定意见为十级伤残一处。经查，事故车辆货车实际车主为张某乙，挂靠在沈阳某运输公司，该车辆在保险公司投保交强险和商业三者险 100 万元含不计免赔。保险公司已经为金某垫付医疗费 1 万元。

问题描述

法院审理期间，原告金某起诉，要求判令张某甲、张某乙、沈阳某运输公司、保险公司连带赔偿原告交通事故各项损失共计 106605.95 元。保险公司答辩称，张某甲在事故发生后驾车逃逸，是法律法规所明确禁止的行为，此举已经违反了道路交通安全法的规定，并且在没有从业资格证的情况下驾驶营运车辆，也属于机动车商业险条款第 24 条第 2 款第 1 项、第 6 项规定的免责范围，保险公司可以拒赔。本案的争议焦点是，张某甲驾车逃离现场，保险公司是否可以拒赔。

裁判情况

本案经过一审、二审。法院审理认为，被保险机动车发生道路交通事故造成损害的，属于机动车一方责任的，应当先由保险公司依法在机动车交通事故责任强制保险责任限额范围内予以赔偿，机动车肇事逃逸的，并非法律规定的保险公司可以拒赔交强险的理由。但是，张某甲的肇事逃逸行为属于法律禁止性行为，符合商业三者险保险合同中的保险责任免除情形，该免责条款对投保人具有约束力，保险公司因本案交通事故在商业三者险范围内应免除赔偿责任。张某甲负事故的全部责任，事故车辆实际车主为张某乙，该车辆挂靠在沈阳某运输公司，故金某因本案交通事故产生的损失应先由保险公司在机动车强制保险责任限额范围内予以赔偿，不足部分，由实际车主张某乙承担，沈阳某运输公司作为被挂靠人承担连带责任。张某乙、沈阳某运输公司承担责任后，如有争议可另行处理。

裁判结论：保险公司在机动车强制保险责任范围内赔付金某经济损失 11000 元，张某甲赔偿金某经济损失 72878.92 元，沈阳某运输公司与张某乙承担连带赔偿责任。

释法析理

在道路上发生交通事故怎么做？《中华人民共和国道路交通安全法》第 70 条规定，在道路上发生交通事故，车辆驾驶人应当立即停车，保护现场；造成人身伤亡的，车辆驾驶人应当立即抢救受伤人员，并迅速报告执勤的交通警察或者公安机关交通管理部门。机动车肇事逃逸，是指发生道路交通事故后，道路交通事故当事人为了推卸、逃避法律责任，驾驶车辆或者遗弃车辆逃离道路交通事故现场的行为。根据法律规定，交通肇事后逃逸要严惩。《中华人民共和国民法典》第1216条规定："机动车驾驶人发生交通事故后逃逸，该机动车参加强制保险的，由保险人在机动车强制保险责任限额范围内予以赔偿；机动车不明、该机动车未参加强制保险或者抢救费用超过机动车强制保险责任限额，需要支付被侵权人人身伤亡的抢救、丧葬等费用的，由道路交通事故社会救助基金垫付。道路交通事故社会救助基金垫付后，其管理机构有权向交通事故责任人追偿。"再结合本法第1215条规定，机动车发生交通事故造成损害，属于该机动车一方责任的，先由承保机动车强制保险的保险人在强制保险责任限额范围内予以赔偿；不足部分，由承保机动车商业保险的保险人按照保险合同的约定予以赔偿。但实践中，肇事逃逸一般都是商业保险合同的免责条款，因此，不足部分都是由侵权人赔偿。如果不能查找到肇事车辆，或者肇事车辆未参加强制保险，抑或是抢救费用超过机动车强制保险责任限额，需要支付被侵权人人身伤亡的抢救、丧葬等费用的，根据《道路交通事故社会救助基金管理试行办法》，公安机关交通管理部门可以通知道路交通事故社会救助基金垫付抢救费用，受害人亲属可以申请由道路交通事故社会救助基金垫付丧葬费用，垫付后，其管理机构有权向交通事故责任人追偿，即最终承担责任的仍然是侵权人。本案中，保险公司与沈阳某运输公司签订的机动车商业险保险合同条款中明确提示了"事故发生后，在未依法采取措施的情况下驾驶被保险机动车或者遗弃被保险机动车"的情形属于责任免除范围，故保险公司因本案交通事故在商业三者险范围内应免除赔偿责任，金某因本案交通事故造成的损失应先由保险公司在交强险责任限额范围内予以赔偿，不足部分，由其他责任人承担。

相关法条

1.《中华人民共和国民法典》第一千一百九十一条 用人单位的工作人员因执行工作任务造成他人损害的，由用人单位承担侵权责任。用人单位承担侵权责任后，可以向有故意或者重大过失的工作人员追偿。

劳务派遣期间，被派遣的工作人员因执行工作任务造成他人损害的，由接受劳务派遣的用工单位承担侵权责任；劳务派遣单位有过错的，承担相应的责任。

2.《中华人民共和国民法典》第一千二百一十一条 以挂靠形式从事道路运输经营活动的机动车，发生交通事故造成损害，属于该机动车一方责任的，由挂靠人和被挂靠人承担连带责任。

3.《中华人民共和国民法典》第一千二百一十三条 机动车发生交通事故造成损害，属于该机动车一方责任的，先由承保机动车强制保险的保险人在强制保险责任限额范围内予以赔偿；不足部分，由承保机动车商业保险的保险人按照保险合同的约定予以赔偿；仍然不足或者没有投保机动车商业保险的，由侵权人赔偿。

4.《中华人民共和国民法典》第一千二百一十六条 机动车驾驶人发生交通事故后逃逸，该机动车参加强制保险的，由保险人在机动车强制保险责任限额范围内予以赔偿；机动车不明、该机动车未参加强制保险或者抢救费用超过机动车强制保险责任限额，需要支付被侵权人人身伤亡的抢救、丧葬等费用的，由道路交通事故社会救助基金垫付。道路交通事故社会救助基金垫付后，其管理机构有权向交通事故责任人追偿。

5.《中华人民共和国道路交通安全法》第七十条 在道路上发生交通事故，车辆驾驶人应当立即停车，保护现场；造成人身伤亡的，车辆驾驶人应当立即抢救受伤人员，并迅速报告执勤的交通警察或者公安机关交通管理部门。因抢救受伤人员变动现场的，应当标明位置。乘车人、过往车辆驾驶人、过往行人应当予以协助。

在道路上发生交通事故，未造成人身伤亡，当事人对事实及成因无争议的，可以即行撤离现场，恢复交通，自行协商处理损害赔偿事宜；不即行撤离现场的，应当迅速报告执勤的交通警察或者公安机关交通管理部门。

在道路上发生交通事故，仅造成轻微财产损失，并且基本事实清楚的，当事人应当先撤离现场再进行协商处理。

道路交通事故社会救助基金垫付费用是否还需要肇事者偿还

◆（第 1216 条）◆

基本案情

鲁某未取得机动车驾驶证，驾驶小型普通客车，沿西青区宝带路由北向南行驶，至与绥江道交口时，遇郝某驾驶电动二轮车载乘车人王某违反信号灯规定驶入路口，两车发生碰撞，造成郝某与王某受伤、双方车辆受损的交通事故。事故发生后鲁某驾车逃逸，后被查获归案。公安交管部门认定，鲁某承担事故全部责任，郝某、王某不承担事故责任。王某受伤后住院救治产生医疗费 10 万余元，道路交通事故社会救助基金管理办公室按照救助政策，为伤者王某垫付住院医疗费用共计 64571.77 元，该款项直接支付至该医院。鲁某为伤者王某垫付医疗费 43000 元。经查，小型普通客车在保险公司仅投有交强险，被保险人为鲁某，事故发生时在保险期间。

问题描述

道路交通事故社会救助基金管理办公室向法院起诉称，道路交通救助办为伤者王某垫付住院费用共计 64571.77 元，该费用由救助基金专用账户直接拨付到医院账户用于结算，上述垫付费用不存在退款，或者是退回当事人手中的情况，原告未收到被告鲁某支付的任何款项，被告鲁某应承担款项的偿付责任，请求依法判令被告鲁某向原告偿还垫付的抢救费 64571.77 元。被告鲁某答辩称，救助基金发放和使用均不符合程序规定，将本来是公益的事业转化成了医院创收，加重了当事人的负担，故即便道路交通救助办有垫付费用，该笔费用也不应当由其承担。本案的争议焦点是，道路交通事故社会救助基金垫付的救治费用，肇事者是否应当偿还。

裁判情况

本案经过一审、二审。法院审理认为，道路交通事故社会救助基金先行垫付部分或者全部抢救费用后，有权向交通事故责任人追偿。本案原告根据相关规定为伤者王某垫付的医疗费用属于为伤者垫付的抢救费用，现要求交通事故责任人偿还，符合法律规定，应予支持。本起交通事故致使伤者王某就医产生医疗费达 10 万余元，涉案车辆仅在被告保险公司投保交强险，且该交强险医疗费限额内 1 万元的赔偿责任已履行完毕，被告鲁某支付第三人王某的垫付款并不包含在原告的垫付款项中，并在涉诉交通事故责任纠纷案件中已做处理，故作为该起交通事故责任人的被告鲁某应对原告垫付的抢救费 64571.77 元承担赔偿责任。

裁判结论：被告鲁某向原告道路交通事故社会救助基金管理办公室支付垫付的抢救费 64571.77 元。

释法析理

根据《道路交通事故社会救助基金管理试行办法》，道路交通事故社会救助基金，是指依法筹集用于垫付机动车道路交通事故中受害人人身伤亡的丧葬费用、部分或者全部抢救费用的社会专项基金。该办法第 12 条、《机动车交通事故责任强制保险条例》第 24 条和《中华人民共和国道路交通安全法》第 75 条规定了垫付受害人人身伤亡的丧葬费用、抢救费用的三种情形。道路交通事故社会救助基金的设立系为了保障交通事故受害人能尽快得到医疗救治，避免因临时资金紧张而延误最佳治疗时机，属救急性质。该基金管理机构并非交通事故当事人，无义务涉入具体交通事故赔偿款项追索之中，快速回笼资金以保障帮助将来急需之人的使用是管理机构的正常请求。《中华人民共和国民法典》第 1216 条规定了机动车驾驶人发生交通事故后逃逸的，对受害人的救济、道路交通事故社会救助基金垫付费用和对侵权人的追偿权，该条规定："机动车驾驶人发生交通事故后逃逸，该机动车参加强制保险的，由保险人在机动车强制保险责任限额范围内予以赔偿；机动车不明、该机动车未参加强制保险或者抢救费用超过机动车强制保险责任限额，需要支付被侵权人人身伤亡的抢救、丧葬等费用的，由道路交通事故社会救助基金垫付。道路交通事故社会救助基金垫付后，其管理机构有权向交通事故责任人追偿。"机动车不明，如机动车驾驶人驾车逃逸，因一时难以查明肇事机动车，难以确定肇事者，故需要道路交通事故社会救助基金垫付。同理，机动车未参加强制保险，无法通过强制保险赔偿受害人损失，只能由道路交通事故社会救助基金垫付；抢救费用超过机动车强制保险责任限额的，同样需要道路交通事故社会救助基金垫付超过限额部分的费用。但是，道路交通事故社会救助基金主要来源于行政拨款或社会捐助，支付交通事故受害人抢救等费用系无偿垫付，受害人的上述损失费用的终局赔偿责任主体应当是侵权人，故法律明确规定了道路交通事故社会救助基金管理机构对交通事故责任人的追偿权。本案交通事故致使伤者王某就医产生医疗费达 10 万余元，道路交通事故社会救助基金管理办公室根据相关规定垫付的医疗费系王某的住院费用，并不包括鲁某为王某垫付的款项，鲁某肇事后逃逸，作为该起交通事故责任人应对道路交通救助办垫付的抢救费 64571.77 元承担赔偿责任。

📖 相关法条

1. 《中华人民共和国民法典》第一千二百一十六条　机动车驾驶人发生交通事故后逃逸，该机动车参加强制保险的，由保险人在机动车强制保险责任限额范围内予以赔偿；机动车不明、该机动车未参加强制保险或者抢救费用超过机动车强制保险责任限额，需要支付被侵权人人身伤亡的抢救、丧葬等费用的，由道路交通事故社会救助基金垫付。道路交通事故社会救助基金垫付后，其管理机构有权向交通事故责任人追偿。

2. 《中华人民共和国道路交通安全法》第七十五条　医疗机构对交通事故中的受伤人员应当及时抢救，不得因抢救费用未及时支付而拖延救治。肇事车辆参加机动车第三者责任强制保险的，由保险公司在责任限额范围内支付抢救费用；抢救费用超过责任限额的，未参加机动车第三者责任强制保险或者肇事后逃逸的，由道路交通事故社会救助基金先行垫付部分或者全部抢救费用，道路交通事故社会救助基金管理机构有权向交通事故责任人追偿。

3. 《机动车交通事故责任强制保险条例》第二十四条　国家设立道路交通事故社会救助基金（以下简称救助基金）。有下列情形之一时，道路交通事故中受害人人身伤亡的丧葬费用、部分或者全部抢救费用，由救助基金先行垫付，救助基金管理机构有权向道路交通事故责任人追偿：

（一）抢救费用超过机动车交通事故责任强制保险责任限额的；

（二）肇事机动车未参加机动车交通事故责任强制保险的；

（三）机动车肇事后逃逸的。

4. 《道路交通事故社会救助基金管理办法（试行）》第十二条　有下列情形之一时，救助基金垫付道路交通事故中受害人人身伤亡的丧葬费用、部分或者全部抢救费用：

（一）抢救费用超过交强险责任限额的；

（二）肇事机动车未参加交强险的；

（三）机动车肇事后逃逸的。

依法应当由救助基金垫付受害人丧葬费用、部分或者全部抢救费用的，由道路交通事故发生地的救助基金管理机构及时垫付。

救助基金一般垫付受害人自接受抢救之时起 72 小时内的抢救费用，特殊情况下超过 72 小时的抢救费用由医疗机构书面说明理由。具体应当按照机动车道路交通事故发生地物价部门核定的收费标准核算。

免费搭顺风车发生交通事故司机是否承担赔偿责任

（第 1217 条）

基本案情

王某、沈某、丁某等人免费搭乘茅某驾驶的苏××××××号小型普通客车由南京前往安徽省天长市，李某驾驶皖××××××号小型客车沿安徽省天长市天丰路由北向南行驶，途经职教大道与天丰路路口，与沿职教大道由西向东行驶的被告茅某驾驶的苏××××××号小型普通客车相撞，造成两车及道路设施损坏，苏××××××号小型普通客车乘坐人王某受伤后于当天抢救无效死亡以及沈某、丁某等人受伤。天长市公安局交通管理大队出具《道路交通事故认定书》，认定李某负事故主要责任，茅某负事故次要责任。经查，皖××××××号小型客车的车主是李某，李某为该车辆在保险公司投保了交强险和商业三者险，商业三者险的限额为 50 万元，并投保了不计免赔险，本次事故发生在保险期限内；苏××××××号小型普通客车的车主系某公司，茅某系某公司的法定代表人，某公司将苏××××××号小型普通客车交由茅某实际使用。另，钱某甲、钱某乙分别系王某的丈夫、儿子，王某无其他第一顺序继承人。

问题描述

钱某甲、钱某乙诉至法院，请求判令被告李某、保险公司、茅某、某公司连带赔偿两原告合计670811.5元。被告茅某、某公司答辩称：茅某是无偿为王某等人提供帮助而发生交通事故，王某等人构成好意同乘，且茅某只负交通事故的次要责任，对交通事故的发生不存在故意或重大过失，从鼓励助人为乐的良好道德风尚以及维护公平的法律精神角度，应减轻或者免除茅某的赔偿责任。被告保险公司答辩称：同意在本案中赔偿原告钱某甲、钱某乙40万元（交强险11万元和商业三者险29万元），剩余保险限额用于其他死者、伤者的赔偿事宜。被告李某未作答辩。本案的争议焦点是，无偿乘坐即"好意同乘"情况下发生交通事故造成搭乘人损害，是否应免除驾驶人的赔偿责任。

裁判情况

法院审理认为，被告李某与被告茅某驾驶车辆相撞，致茅某所驾驶车辆的乘坐人王某死亡，原告钱某甲、钱某乙作为王某的第一顺序继承人，有权要求被告承担赔偿责任。关于被告茅某的赔偿责任问题，为体现司法对情谊行为的有限介入，鼓励助人为乐、相互帮助的施惠行为，应当对施惠者采取宽容的态度，对驾驶人提供无偿搭乘情谊行为发生交通事故的，应当酌情宽容，故应适当减轻茅某的侵权赔偿责任。

裁判结论：被告保险公司赔偿原告钱某甲、钱某乙36万元（含精神损害抚慰金5万元），被告李某赔偿原告127442元，被告茅某赔偿原告102657.9元，被告某公司对被告茅某所负的赔偿义务承担连带赔偿责任。

释法析理

好意同乘,是指车辆供乘者不以营利为目的邀请或者允许搭乘人搭乘车辆的行为。好意同乘是一种好意施惠行为,这种行为本身不是民事法律行为,仅是一种普通社会关系,是一种事实行为。驾驶人只是基于良好的道德风尚邀请或允许同乘人搭乘,属于一种情谊行为,驾驶人与同乘人并没有设定法律上的权利义务关系,应由道德规范来调整。好意同乘是我国社会乐于助人良好社会道德风尚的具体体现,其核心要素是车辆供乘者不以营利为目的,而是旨在为他人提供帮助。虽然好意同乘行为本身系一种不受法律调整的情谊行为,但搭乘者无偿或以较小成本乘坐他人车辆并不意味着其甘愿冒一切风险,车辆供乘人因邀请或允许他人搭乘的情谊行为的履行而负有保障搭乘者人身和财产安全的注意义务。在好意同乘中发生交通事故,造成搭乘人损害的情形下,好意同乘行为就转变为侵权行为,车辆驾驶人应对其过错承担法律责任。但实践中被搭乘人多数是出于好心做错了事,如果让做好事的人得不到好的结果,这其实也与民法确立的"公序良俗"原则相违背。故此,《中华人民共和国民法典》第1217条规定:"非营运机动车发生交通事故造成无偿搭乘人损害,属于该机动车一方责任的,应当减轻其赔偿责任,但是机动车使用人有故意或者重大过失的除外。"当然,此条规定要求驾驶人承担法律责任并不是否定助人为乐的良好动机,而是要求驾驶人尽到合理注意义务,保障搭乘人的安全。需要注意的是,包括网络顺风车在内的营运机动车不适用本条规定,但是出租车在上班前或者下班后等非营运的时间,免费搭乘邻居、朋友的,应当适用本条规定。本案中,王某等人无偿搭乘茅某所驾驶的车辆而发生交通事故,应适当减轻茅某的赔偿责任,综合全案案情,法院对本案中茅某承担的赔偿责任确定为5%是适宜的。

相关法条

《中华人民共和国民法典》第一千二百一十七条 非营运机动车发生交通事故造成无偿搭乘人损害,属于该机动车一方责任的,应当减轻其赔偿责任,但是机动车使用人有故意或者重大过失的除外。

实施胃大部切除手术前未向患者说明情况医院承担赔偿责任吗

◆（第 1218 条）◆

基本案情

2008年9月27日，梁某某以"间断腹胀、腹痛、腹泻2年"为主诉，至某医院入院治疗。入院诊断：重度胃下垂；结肠次全切并回直肠吻合术后；阑尾切除术后。在未充分告知梁某某或其家属手术风险及替代措施的情况下，2008年9月28日，某医院对梁某某行胃大部切除术、肠粘连松解术，胃切除约70%。梁某某于2008年10月11日出院。2011年8月11日，梁某某以某医院在其住院期间采取的治疗行为存在过错，对其造成侵害为由诉至法院，要求该医院进行赔偿。审理期间，法院委托鉴定机构进行了司法鉴定，结果显示：梁某某的"胃大部切除"已构成六级伤残；因某医院对梁某某采取的胃切除术治疗"胃下垂"的不良预后沟通强调不足，医院存在过错，且该过错行为与梁某某伤残存在因果关系。

问题描述

中华人民共和国民法典明确规定了医务人员的说明义务和患者的知情同意权，如未尽到相应义务，造成患者损害的，医疗机构应当承担赔偿责任。也就是说，医院未尽到说明义务并取得患者同意，造成损害的，患者可要求医院承担赔偿责任。本案的争议焦点是，某医院在行胃大部切除术前，未向梁某某或其近亲属说明手术的影响并取得梁某某或其近亲属的明确同意，对手术造成患者身体损害的后果是否应承担责任。

裁判情况

本案经过一审、二审。法院经审理认为，根据梁某某在某医院的住院病历，结合司法鉴定意见，可以确认，某医院在对梁某某实施胃大部切除手术前，没有充分告知患者或其家属手术利弊，《手术同意书》及术后病历资料中均缺乏对梁某某进行胃大部切除术后对其胃肠功能影响的告知，导致梁某某在选择手术过程中存在认知上的不足。某医院在对梁某某实施手术前的告知程序不规范、告知内容不充分，是对梁某某知情同意权的侵犯，即使医学上毫无瑕疵的治疗也不能阻却未充分履行告知义务的侵权责任。

裁判结论：某医院对梁某某的损伤存在过错，应当承担赔偿责任。

释法析理

医务人员在诊疗活动中，负有向患者说明病情和拟采取医疗措施并取得其明确同意的义务。相应地，患者在诊疗活动中享有知情同意权。《中华人民共和国民法典》第1219条规定："医务人员在诊疗活动中应当向患者说明病情和医疗措施。需要实施手术、特殊检查、特殊治疗的，医务人员应当及时向患者说明医疗风险、替代医疗方案等情况，并取得其明确同意；不能或者不宜向患者说明的，应当向患者的近亲属说明，并取得其明确同意。医务人员未尽到前款义务，造成患者损害的，医疗机构应当承担赔偿责任。"也就是说，医院未向患者说明病情和医疗措施及其风险的，是对患者知情权的侵犯，如造成患者损害，则应承担赔偿责任。本案中，某医院在对梁某某实施胃大部切除术前，未充分告知手术利弊并取得梁某某或其家属同意，使梁某某未能选择采取其他保守治疗措施，造成梁某某身体损害，应当承担赔偿责任。需要强调的是，即使胃大部切除术为梁某某病情所必需，医院也应当尽到说明义务，否则就是侵犯了患者知情同意权，梁某某仍可要求医院承担赔偿责任。

相关法条

1.《中华人民共和国民法典》第一千二百一十八条　患者在诊疗活动中受到损害，医疗机构或者其医务人员有过错的，由医疗机构承担赔偿责任。

2.《中华人民共和国民法典》第一千二百一十九条　医务人员在诊疗活动中应当向患者说明病情和医疗措施。需要实施手术、特殊检查、特殊治疗的，医务人员应当及时向患者具体说明医疗风险、替代医疗方案等情况，并取得其明确同意；不能或者不宜向患者说明的，应当向患者的近亲属说明，并取得其明确同意。

医务人员未尽到前款义务，造成患者损害的，医疗机构应当承担赔偿责任。

医院告知书将拒绝签字视为拒绝治疗是否与紧急情况下无须取得同意相矛盾

◆（第 1219 条、第 1220 条）◆

基本案情

王某甲与王某乙系父子关系。2012 年 9 月 26 日至 2014 年 12 月 28 日，王某甲在某医院住院治疗期间，王某乙作为王某甲亲属，在多项诊疗措施知情同意书上签名。其中，2014 年 7 月 9 日，某医院向王某乙发出告知书，内容为："我院病房主管医师向您交代有关患者王某甲入住 ICU 病房，一切在 ICU 病房内进行的诊治及操作可能会发生的医疗风险……您同意或不同意采取这些措施的意见都可以直接表达在这些知情同意书中，如果您不表达意见或拒绝签字，我们只能视为您拒绝接受这些检查、治疗措施。"王某乙当日收到该告知书并在知情同意书上签字同意。然而，王某乙向某医院回信表示，院方要求其书面表示同意或不同意是损害其知情和自主表达真实意愿的权利，如其不表达意见或拒绝签字，院方就视为拒绝接受这些检查、治疗措施，是在推卸自身应承担的法律责任。2014 年 12 月 28 日，王某甲死亡。其后，王某乙以某医院的告知书违反法律规定为由，将某医院诉至法院，要求确认该医院要求原告签名认可的知情同意书无效。

问题描述

中华人民共和国民法典规定了医院的说明义务和患者的知情同意权，也对紧急情况下患者的知情同意作出了特殊规定，二者是并行不悖的。本案的争议焦点是，医院履行说明义务时，在告知书中关于将拒绝签字视为拒绝治疗的表述，是否与紧急情况下不能取得患者或家属同意，医疗机构仍可采取相应医疗措施的有关规定相矛盾。

裁判情况

本院经过一审、二审。法院经审理认为，某医院向王某乙发出的告知书系医院就医疗风险以及是否签署知情同意书向患者家属进行的告知，作为患者家属，王某乙可以根据该告知书的内容，选择同意或者不同意对患者进行相关检查或治疗。即使王某乙未对知情同意书进行表态，根据法律关于紧急情况下知情同意的特殊规定，在符合相应条件的情况下，医院仍然可以对患者实施相应医疗措施。

裁判结论：某医院向王某乙发出告知书不存在过错，该告知书并未侵犯王某乙如实表达个人意愿的权利，王某乙的诉讼请求缺乏事实和法律依据。

释法析理

《中华人民共和国民法典》第1219条规定，医务人员在诊疗活动中应当向患者说明病情和医疗措施。需要实施手术、特殊检查、特殊治疗的，医务人员应当及时向患者具体说明医疗风险、替代医疗方案等情况，并取得其明确同意；不能或者不宜向患者说明的，应当向患者的近亲属说明，并取得其明确同意。因此，医院在诊疗活动中，应当履行对患者或其家属的说明义务。本案中，某医院在不宜向王某甲说明病情、相关医疗措施及可能存在的医疗风险的情况下,向其家属王某乙发出告知书,征求其意见,已充分尊重了王某乙的知情同意权。同时,《中华人民共和国民法典》第1220条规定:"因抢救生命垂危的患者等紧急情况,不能取得患者或者其近亲属意见的,经医疗机构负责人或者授权的负责人批准,可以立即实施相应的医疗措施。"也就是说,即使王某乙拒绝在知情同意书上签字,在紧急情况下,医院也可以采取相应的治疗措施对王某甲进行治疗,不会因为王某乙拒绝签字而拒绝对生命垂危的王某甲采取治疗措施。因此,王某乙认为医院告知书中关于将拒绝在《知情同意书》上签字视为拒绝接受治疗的表述与紧急情况下知情同意的特殊规定相矛盾的认识是不合理的。

相关法条

1. 《中华人民共和国民法典》第一千二百一十九条 医务人员在诊疗活动中应当向患者说明病情和医疗措施。需要实施手术、特殊检查、特殊治疗的,医务人员应当及时向患者具体说明医疗风险、替代医疗方案等情况,并取得其明确同意;不能或者不宜向患者说明的,应当向患者的近亲属说明,并取得其明确同意。

医务人员未尽到前款义务,造成患者损害的,医疗机构应当承担赔偿责任。

2. 《中华人民共和国民法典》第一千二百二十条 因抢救生命垂危的患者等紧急情况,不能取得患者或者其近亲属意见的,经医疗机构负责人或者授权的负责人批准,可以立即实施相应的医疗措施。

医院未尽到诊疗义务导致患者病情加重死亡是否应当承担赔偿责任

◆（第 1221 条）◆

基本案情

2014 年 4 月 19 日 5 时许，马某甲因"突发胸背部疼痛伴呕吐 2 小时"到 A 医院急诊处就诊，该院出具的 CT 报告结果为"纵隔气肿，食管下段破裂可能"。同日 9 时 16 分，被收入心胸外科住院治疗。入院病史显示：患者入院前一天饮酒，3 小时前出现呕吐一次，呕吐物为胃内容物，呕吐后突然出现胸骨后灼烧疼痛，放射到背部，无咳嗽咯血，无心悸气短，无头晕头痛，无腹胀腹痛，无呕血黑便。腹部 CT 未见异常，胸部 CT 提示"纵隔气肿，食管下段穿孔不除外"。入院一天后，马某甲出现胸痛剧烈伴憋气症状，心率增快，查床旁胸片提示左侧气胸，经行胸腔闭式引流术后，症状缓解不明显，生命特征不稳定。根据 A 医院建议，2014 年 4 月 21 日晚，马某甲转入 B 医院急诊治疗，A 医院出院诊断：食管破裂，食管胸膜瘘。2014 年 4 月 22 日下午，马某甲转入 C 医院急诊 ICU 抢救治疗，经过留观 18 天治疗，诊断为：（1）食管破裂；（2）纵隔、肺内胸前感染积脓；（3）多器官功能衰竭。2014 年 5 月 10 日下午，马某甲转回 A 医院急诊科，经抢救无效死亡。马某甲妻子赵某某、母亲孟某某、儿子马某乙诉至法院，要求 A 医院承担赔偿责任。诉讼中，三人申请对医疗过错因果关系进行鉴定，某司法鉴定所接受委托作出《司法鉴定意见书》，鉴定意见为：医方早期诊断、检查、治疗存在失误，食管破裂致患者死亡与医方的诊疗相关，虽然患者病情与诊疗行为二者在造成目前后果的作用上同等重要，但只要医方按诊疗常规处理，则大部分患者可脱离危险，建议医方过错参与度为50%~70%。

问题描述

中华人民共和国民法典明确规定，医务人员在诊疗活动中未尽到与当时的医疗水平相应的诊疗义务，造成患者损害的，医疗机构应当承担赔偿责任。本案的争议焦点是，A医院的医疗行为与马某甲的死亡之间是否存在因果关系，A医院是否应当承担赔偿责任。

裁判情况

本案经过一审、二审。法院经审理认为，医务人员在诊疗活动中未尽到与当时的医疗水平相应的诊疗义务，造成患者损害的，医疗机构应当承担赔偿责任。本案中，依据《司法鉴定意见书》，患者发病后3小时就医，胸部CT提示食管下段破裂可能，而院方未及时做相关检查明确裂口大小及确切部位，盲目保守治疗，丧失早期手术时机，致病情加重。院方对早期诊断、检查、治疗存在失误，只要院方按诊疗常规处理，则大部分患者可脱离危险，故A医院医疗行为的过错与马某甲的死亡存在因果关系，鉴于院方过错相对较大，故将A医院的责任比例确定为70%。此外，A医院的过错行为使患者马某甲失去了宝贵的生命，给患者家属造成了较大的精神损害，A医院应当承担赔偿责任。

裁判结论：由A医院赔偿赵某某、孟某某、马某乙所主张的死亡赔偿金、精神抚慰金、丧葬费、鉴定费、医疗费、营养费等全部费用的70%。

释法析理

医疗机构及其医务人员在诊疗过程中,应当尽到与当时的医疗水平相应的诊疗义务,如果未尽到或违反相应义务,给患者造成损害的,根据《中华人民共和国民法典》第1221条的规定,医疗机构应当承担赔偿责任。本案中,根据司法鉴定所出具的《司法鉴定意见书》判断,A医院对马某甲早期诊断、检查、治疗存在失误,只要按诊疗常规处理,马某甲极有可能脱离危险。因此,应当认为A医院未尽到与当时的医疗水平相应的诊疗义务,其医疗行为存在过错,且与马某甲的死亡之间存在因果关系,依法应当承担赔偿责任。由于马某甲病情本身也有造成死亡的风险,因此,应当根据诊疗过程中A医院存在的过错程度,判定其应承担的相应责任。

相关法条

《中华人民共和国民法典》第一千二百二十一条 医务人员在诊疗活动中未尽到与当时的医疗水平相应的诊疗义务,造成患者损害的,医疗机构应当承担赔偿责任。

患者因无病历资料不能申请司法鉴定医院是否承担赔偿责任

◆（第1222条、第1225条）◆

基本案情

1999年10月25日，黄某某因脑出血突发入住A医院治疗并行开颅术。2017年5月19日，黄某某因病到A医院就诊，诊断为"脑出血术后并癫痫"。2017年6月3日，黄某某因病情发作到B医院治疗，查体左侧上肢肌力二级，左侧下肢肌力三级，住院治疗7天，癫痫发作3次。诊断结果为"脑出血后遗症，高血压病、冠心病"。随后，黄某某到A医院要求复印1999年开颅手术病历，该院出具证明称，2013年11月医院整体搬迁后病历已无法找到，因此无法提供证据复印件。其后，A医院又出具情况说明，证实"患者于1999年11月25日因突发脑出血入院治疗，当时患者脑出血量较大，量约100ml，已发生脑疝，急诊行开颅手术，术后遗留左侧肢体偏瘫"。黄某某遂以因A医院过错导致其肢体偏瘫及癫痫的损害后果为由诉至法院，并申请对伤残等级进行司法医学鉴定。C医院司法鉴定中心函载明："被鉴定人黄某某无法提交所有入院及出院期间的病历等材料，因鉴定材料不全，故不具备鉴定条件。"

问题描述

患者在诊疗活动中受到损害，要求医疗机构承担赔偿责任的，应当提交到该医疗机构就诊、受到损害的证据，而病历资料是最重要的证据之一。中华人民共和国民法典明确规定，医疗机构及其医务人员应当按照规定填写并妥善保管病历资料，患者要求查阅、复制病历资料的，医疗机构应当及时提供。本案中，因A医院无法提供用于鉴定的病历资料，导致患者黄某某不能申请司法鉴定，因而无法提交其到医院就诊、受到损害的主要证据。本案的争议焦点是，因医院无法提供病历资料导致患者在医疗损害责任纠纷中无法申请司法鉴定的，医院是否应当承担赔偿责任。

裁判情况

本案经过一审、二审。二审法院经审理认为，妥善保管病历资料是医疗机构的法定义务，因医疗机构的原因不能提供病历，导致患者无法申请鉴定，亦无法证明是否存在医疗过错及证明医疗行为与损害结果之间是否存在因果关系，医疗机构应因无法举示病历而承担举证不能的法律后果。A医院因2013年整体搬迁导致黄某某病历资料丢失的主张系其未能妥善保管病历资料所致，A医院应承担举证不能的法律责任。

裁判结论：A医院应当对黄某某的伤残承担赔偿责任。

释法析理

《中华人民共和国民法典》第1218条规定："患者在诊疗活动中受到损害，医疗机构或者其医务人员有过错的，由医疗机构承担赔偿责任。"在医疗侵权案件中，病历资料作为对患者疾病治疗经过及其治疗效果的原始记录，是判断医疗机构和医务人员在医疗活动中是否存在过错、是否应当承担赔偿责任的主要依据。第1225条规定："医疗机构及其医务人员应当按照规定填写并妥善保管住院志、医嘱单、检验报告、手术及麻醉记录、病理资料、护理记录等病历资料。患者要求查阅、复制前款规定的病历资料的，医疗机构应当及时提供。"第 1222 条规定："患者在诊疗活动中受到损害，有下列情形之一的，推定医疗机构有过错：（一）违反法律、行政法规、规章以及其他有关诊疗规范的规定；（二）隐匿或者拒绝提供与纠纷有关的病历资料；（三）遗失、伪造、篡改或者违法销毁病历资料。"据此，医院负有妥善保管患者病历资料的义务，因医院未能提供患者住院期间病历资料导致无法进行司法医学鉴定，使患者在法院审理过程中无法提供证明医疗行为存在过错，以及医疗行为与损害结果之间存在因果关系的，应推定医院存在过错，医院应当承担赔偿责任。

相关法条

1. 《中华人民共和国民法典》第一千二百一十八条 患者在诊疗活动中受到损害，医疗机构或者其医务人员有过错的，由医疗机构承担赔偿责任。

2. 《中华人民共和国民法典》第一千二百二十二条 患者在诊疗活动中受到损害，有下列情形之一的，推定医疗机构有过错：

（一）违反法律、行政法规、规章以及其他有关诊疗规范的规定；

（二）隐匿或者拒绝提供与纠纷有关的病历资料；

（三）遗失、伪造、篡改或者违法销毁病历资料。

3. 《中华人民共和国民法典》第一千二百二十五条 医疗机构及其医务人员应当按照规定填写并妥善保管住院志、医嘱单、检验报告、手术及麻醉记录、病理资料、护理记录等病历资料。

患者要求查阅、复制前款规定的病历资料的，医疗机构应当及时提供。

输血多年后发现感染 HIV 病毒应当由谁承担责任

◆（第 1223 条）◆

📋 基本案情

1995 年 4 月 16 日，张某因"乏力、厌食，尿黄 5 天，昏迷 10 小时"入住 A 医院，医院诊断为"溶血性贫血伴心衰"，后予以强心、利尿、输血等相关治疗，张某于 1995 年 4 月 22 日痊愈出院。张某在该院住院治疗期间，于 4 月 16 日至 4 月 20 日共输全血 5 次，每次 100ml，其中 4 月 16 日、4 月 17 日、4 月 18 日所输四次全血均由某血站提供，该血站提交了所供全血交叉配合报告单，而 4 月 20 日所输全血 100ml，无某血站交叉配合报告单，该院亦未提供此次所输全血来源的证据。自 2011 年开始，张某经常因发热、感冒、咳嗽、皮肤病等断断续续在 B 医院门诊治疗。2011 年 3 月 13 日，经 HIV 抗体检测，结果呈阳性。2011 年 11 月 15 日至 11 月 26 日在 B 医院住院治疗期间，张某被诊断为：HIV 并肺部感染、败血症、多形红斑、电解质紊乱。2014 年 2 月 14 日，某疾控中心对张某的父母进行 HIV 抗体检测，结果呈阴性，排除父血感染或母婴传播的可能。2016 年 5 月 26 日，北京某司法鉴定中心作出鉴定意见书，其鉴定意见为："A 医院在对被鉴定人张某的输血过程中存在血液来源不明的过错，无法完全排除此次输血行为与被鉴定人损害后果之间的因果关系。"

问题描述

中华人民共和国民法典明确规定，因输入不合格的血液造成患者损害的，患者可以向血液提供机构请求赔偿，也可以向医疗机构请求赔偿。患者向医疗机构请求赔偿的，医疗机构赔偿后，有权向负有责任的血液提供机构追偿。本案的争议焦点在于，医院向患者输入血液是否合格，输血行为与损害后果之间是否存在因果关系，以及损害后果应当由谁承担责任。

裁判情况

本案经过一审、二审。二审法院经审理认为，关于血液合格性问题，由于本案输血时间久远，最直接的证据即血液或其标本早已灭失，应当以是否具备血液供应机构的相关检测资料来确定输入血液的合格性。本案中，A医院在诊疗中向张某共输入500ml全血，其中1995年4月20日输入的100ml全血没有检测资料证明其合法来源，应推定为不合格血液。关于输血行为和损害后果之间的因果关系问题，从医学上讲，HIV感染有性行为、父血感染或母婴传播和输血三种渠道，本案现有证据可以排除父血感染或母婴传播，故张某感染HIV这一损害后果只可能是因输血或性行为。因A医院未能提供张某通过其他途径感染的证据，且HIV的潜伏期短至数月，长达15年，故无法排除张某在输血16年后发现HIV抗体阳性的损害后果与此次输血在时间上的关联性，因此认定A医院对张某的输血行为与张某的损害后果之间存在因果关系。

裁判结论：A医院应当承担医疗损害赔偿责任。

释法析理

血液传播是感染HIV病毒的主要途径之一。由于HIV的潜伏期平均为8~9年，短则数月，长可达15年，甚至更久，并且从初始感染HIV到末期是一个较为漫长、复杂过程，初次感染后可发现HIV病毒血症和免疫系统急性损伤所产生的临床症状，也可以直接进入无症状期。因此，能否认定患者感染HIV为输血导致，是判定医疗机构是否需承担责任的必要条件。如果输血时间久远，最直接的证据即血液或其标本早已灭失，要求患者证明输入的血液为不合格血液，明显超出其举证能力。由于采血有严格的程序要求，血液供应机构均会保存血液完整的检测资料。因此，对于输入血液的合格性，应当以是否具备血液供应机构的相关检测资料来确定。如果医疗机构无法提供血液供应机构的检测资料证明，而无法证明所供血液合格的，应当推定医疗机构存在过错。在无其他证据证明患者是通过其他途径感染HIV病毒的情况下，医疗机构应当承担赔偿责任。当然，根据《中华人民共和国民法典》第1223条规定，如果血液提供机构负有责任的，医疗机构在承担赔偿责任后，可对其进行追偿。

相关法条

1. 《中华人民共和国民法典》第一千二百一十八条　患者在诊疗活动中受到损害，医疗机构或者其医务人员有过错的，由医疗机构承担赔偿责任。

2. 《中华人民共和国民法典》第一千二百二十三条　因药品、消毒产品、医疗器械的缺陷，或者输入不合格的血液造成患者损害的，患者可以向药品上市许可持有人、生产者、血液提供机构请求赔偿，也可以向医疗机构请求赔偿。患者向医疗机构请求赔偿的，医疗机构赔偿后，有权向负有责任的药品上市许可持有人、生产者、血液提供机构追偿。

患者在就诊期间自杀身亡
医院是否承担赔偿责任
◆（第 1224 条）◆

📄 基本案情

2009年1月14日，黄某玲因患白血病到A医院进行住院治疗。同年4月29日，黄某玲及其父亲黄某奎在知情同意书上签字，同意委托A医院对黄某玲行异基因造血干细胞移植术。5月1日起，黄某玲被安排到移植舱进行骨髓移植阶段预处理治疗，不允许外人陪护与接触，亦不允许患者走出。5月10日6时许，黄某玲自行走出移植舱后坠楼自杀。6时15分左右，黄某玲被送到B医院急诊科抢救，8时15分经抢救无效死亡。A医院录像资料显示：2009年5月10日5时38分，护士发放口服药，患者入睡中，没有交谈。6时左右，黄某玲从所住移植舱中自行走出，经工作人员通道进入8楼楼梯间后，未停留直接到7楼并继续沿楼梯向下走。当时病区楼层值班处并无值班人员，黄某玲未被发现和阻拦。黄某玲父亲黄某奎、母亲陈某珍遂以A医院未尽到陪护义务造成黄某玲死亡为由诉至法院，要求A医院承担赔偿责任。

🔍 问题描述

中华人民共和国民法典明确规定，患者或者其近亲属不配合医疗机构进行符合诊疗规范的诊疗，在诊疗活动中受到损害的，医疗机构不承担赔偿责任。但医疗机构或者其医务人员也有过错的,应当承担相应的赔偿责任。本案的争议焦点是,患者坠楼自杀身死,医院是否存在过错,是否应当承担赔偿责任。

裁判情况

本案经过一审、二审。法院经审理认为,虽然A医院将黄某玲安排到移植舱中并要求其不能外出,却未采取相应措施防范出舱情况的发生。同时,患者年仅20岁即罹患白血病,承受着肉体和精神上的多重折磨,且在没有家属陪护的情况下,医院本应尽到关怀照顾的义务,却未及时察觉患者的情绪变化,更未采取有效的心理疏导和劝解措施,预防其作出极端行为。因此,不能否认A医院的过错与黄某玲的跳楼死亡之间存在一定的因果关系。然而,黄某玲选择自杀根本上还是由于自身原因,同时也不排除如医院采取有效措施,黄某玲仍决意寻机跳楼或因病死亡的可能性。

裁判结论:A医院向黄某玲的家属支付一定数额赔偿金。

释法析理

《中华人民共和国民法典》第1224条规定:"患者在诊疗活动中受到损害,有下列情形之一的,医疗机构不承担赔偿责任:(一)患者或者其近亲属不配合医疗机构进行符合诊疗规范的诊疗;……前款第一项情形中,医疗机构或者其医务人员也有过错的,应当承担相应的赔偿责任。"也就是说,患者及其近亲属负有配合医疗机构对患者进行规范诊疗的义务。如果存在患者自杀等不配合诊疗的行为,则说明患者或其近亲属在主观方面存在过错,造成的医疗损害与其自身行为之间存在因果关系。在这种情况下,如果医疗机构从事的诊疗活动符合诊疗规范,那么医疗机构或其医务人员的行为就不存在过错，无须承担赔偿责任。但是，如果医疗机构或其医务人员未尽到与诊疗规范相应的诊疗义务，存在过错的，则不能排除其过错与损害结果之间的因果关系，医疗机构应当承担赔偿责任。在这种情况下，既然医患双方对损害结果的发生都存在过错，那么，根据过失相抵的基本原理，双方应当在各自的过错范围内承担责任。本案中，虽然黄某玲的自杀行为是导致其死亡的主要原因，但A医院本可采取有效措施避免该行为的发生却未尽到相应义务，对黄某玲的死亡存在一定过错，因此，A医院应当在其过错范围内承担相应的赔偿责任。

相关法条

《中华人民共和国民法典》第一千二百二十四条　患者在诊疗活动中受到损害，有下列情形之一的，医疗机构不承担赔偿责任：

（一）患者或者其近亲属不配合医疗机构进行符合诊疗规范的诊疗；

（二）医务人员在抢救生命垂危的患者等紧急情况下已经尽到合理诊疗义务；

（三）限于当时的医疗水平难以诊疗。

前款第一项情形中，医疗机构或者其医务人员也有过错的，应当承担相应的赔偿责任。

医院向他人提供患者病历资料被用于案件诉讼是否构成侵权

◆（第 1226 条）◆

基本案情

邹某某在法院审理其与前夫董某离婚后财产纠纷案中，私自向某妇产医院申请调取了周某某的病历资料，病历显示，周某某在邹某某与董某婚姻关系存续期间生育一女婴，而周某某的联系人为董某，双方关系登记为夫妻。法院据此认定，董某在与邹某某婚姻关系存续期间与案外女子长期保持不正当关系存在过错，判决其向邹某某支付赔偿款6万元。后周某某以邹某某、某妇产医院侵犯其隐私权、名誉权为由，向法院提起诉讼。

问题描述

中华人民共和国民法典明确规定，医疗机构及其医务人员未经患者同意公开其病历资料的，应当承担侵权责任。本案的争议焦点是，医院向他人提供患者病历资料用于案件诉讼，是否构成侵权。

裁判情况

本案经过一审、二审。二审法院经审理认为，周某某的病历资料含有其身体隐秘部位信息，属于其个人隐私。邹某某不符合调取周某某病历信息的身份条件，某妇产医院违反规定向邹某某提供周某某的病历资料，虽仅用于诉讼案件，但泄露了周某某的隐私，给周某某精神上造成一定的损害，侵犯了周某某的隐私权，应依法承担侵权责任，但因该病历资料仅用于诉讼案件中，其影响具有较明显的特定性和局限性。

裁判结论：判决医院采用书面形式向周某某赔礼道歉。

释法析理

医院对患者的隐私负有保密义务，而患者的病历信息属于个人隐私，若未经患者本人同意，向他人提供病历资料并公开的，则属侵犯隐私权的范畴，应当承担侵权责任。《中华人民共和国民法典》第1226条规定："医疗机构及其医务人员应当对患者的隐私和个人信息保密。泄露患者的隐私和个人信息，或者未经患者同意公开其病历资料的，应当承担侵权责任。"《医疗机构病历管理规定（2013版）》第17条规定："医疗机构应当受理下列人员和机构复制或者查阅病历资料的申请，并依规定提供病历复制或者查阅服务：（一）患者本人或者其委托代理人；（二）死亡患者法定继承人或者其代理人。"因此，对向医院申请调取病历资料当事人的身份，医院应当进行审查。若医院未尽到法定审查义务，向不具备法定身份条件的人提供患者病历资料，违法泄露患者隐私，给患者造成不良影响的，应当承担侵权责任。

相关法条

1. 《中华人民共和国民法典》第一千二百二十六条　医疗机构及其医务人员应当对患者的隐私和个人信息保密。泄露患者的隐私和个人信息，或者未经患者同意公开其病历资料的，应当承担侵权责任。

2. 《医疗机构病历管理规定（2013版）》第十七条　医疗机构应当

受理下列人员和机构复制或者查阅病历资料的申请，并依规定提供病历复制或者查阅服务：

（一）患者本人或者其委托代理人；

（二）死亡患者法定继承人或者其代理人。

患者以发生医疗事故为由拒不搬离病房是否承担法律责任

◆——（第 1228 条）——◆

基本案情

2012年10月31日，患者石某某因出现颈部疼痛不适伴左上肢麻木、手部活动不灵、步态不稳等症状到某医院就诊。医院诊断为：（1）寰枢椎脱位齿状突不连；（2）颈脊髓压迫并不全性瘫痪。需实施全麻下行颈前路寰枢椎松解复位颈后路枕颈融合内固定术。按照医院手术操作规程，医务人员将病情及手术风险向石某某家属进行了说明，石某某及家属表示同意并签署手术同意书。2012年11月9日，术后当日石某某出现神经功能障碍加重、四肢不能活动等症状。后经两次手术治疗，石某某病情得到控制，神经功能逐步恢复。2013年11月1日，石某某办理了出院手续。2013年11月5日、2014年3月17日，石某某因病情复发又先后两次入院治疗。其间，石某某认为其术后症状系发生医疗事故所致，遂先后向A、B医学会申请医疗事故鉴定，鉴定意见均认为不属于医疗事故。2015年5月28日，医院向石某某送达了"离院通知书"，且未再向石某某提供医疗服务，而石某某仍以发生医疗事故为由拒不搬离医院病房。该医院遂将石某某诉至法院。

问题描述

中华人民共和国民法典明确规定，干扰医疗秩序，妨碍医务人员工作、生活，侵害医务人员合法权益的，应当依法承担法律责任。本案的争议焦点是，在医院下达离院通知书后，患者以发生医疗事故为由拒绝搬离病房的行为是否应当承担法律责任。

裁判情况

本案经过一审、二审。二审法院经审理认为，石某某在某医院对其下达离院通知书，不再为其提供医疗服务且未出现病情复发及出现后遗症的情况下，拒不搬离病房，已干扰了医院的正常医疗秩序，故原审法院判决其搬离病房并无不当。石某某若主张医院在为其治疗过程中出现违约或侵权现象，应当采取合法的积极方式进行维权，而采用拒不出院的消极方式不仅增加了医患双方的负担，不利于矛盾纠纷的化解，更耽误了自身的治疗康复时机，并不可取。

裁判结论：石某某的行为干扰了医疗秩序，应当依法承担法律责任。

释法析理

当今社会，"医闹"行为较为常见，一旦发生医疗损害或对医疗行为产生不满，一些患者或者家属动辄扰乱医疗秩序，侵害医务人员合法权益，理应受到法律制裁。《中华人民共和国民法典》第1228条规定："医疗机构及其医务人员的合法权益受法律保护。干扰医疗秩序，妨碍医务人员工作、生活，侵害医务人员合法权益的，应当依法承担法律责任。"因此，对于干扰医疗秩序，妨碍医务人员正常工作，侵害医疗机构合法权益等"医闹"行为，行为人应当承担法律责任。

关于本案石某某在医院下达离院通知书后，以发生医疗事故为由拒不出院，是否应当承担法律责任的问题，根据医疗常识判断，相较于门诊治疗等，住院治疗是一种较高层级的治疗方式，具有特殊性和必要性，而病房作为医院的重要医疗资源，在收治病人过程中发挥着重要的作用。某医院于 2015 年 5 月 28 日向石某某下达了离院通知书，并从当日起不再为其提供医疗服务，后又于 2015 年 6 月 5 日为其办理了出院证，离院通知书和出院证均载明了石某某已不需要药物治疗，且住院已无意义，应到他院继续进行康复治疗的内容。因此，医院向石某某下达离院通知书的行为并无不当，石某某拒不搬离病房，影响了医院正常秩序。

关于石某某主张发生医疗事故的问题，已经相关机构鉴定，鉴定意见否定了其主张，即使石某某仍然坚持有医疗事故发生，可采取其他正当方式进行维权，如另诉某医院医疗损害责任纠纷等，而不应采用拒不出院的方式。因此，石某某应当承担干扰医疗秩序的法律后果。

相关法条

《中华人民共和国民法典》第一千二百二十八条　医疗机构及其医务人员的合法权益受法律保护。

干扰医疗秩序，妨碍医务人员工作、生活，侵害医务人员合法权益的，应当依法承担法律责任。

购物中心播放广告造成光污染影响居民生活如何承担责任

(第 1229 条)

基本案情

某置地有限公司开发建设的某购物中心,与李某住宅相对,中间隔一条双向六车道的公路,除道路中间的轻轨线路外,无其他遮挡物。在正对李某住宅的某购物中心的外墙上安装有一块 LED 显示屏,每天都用于播放宣传资料、视频广告等,其产生的强光直射入李某住宅房间,造成严重的光污染,给李某的正常生活造成影响。

问题描述

中华人民共和国民法典明确规定,因污染环境、破坏生态造成他人损害的,侵权人应当承担责任。光污染是环境污染的一种,造成他人损害,侵权人理应承担责任。由于光污染对人身的伤害具有潜在性、隐蔽性和个体差异性等特点,因此本案的争议焦点是,如何认定光污染损害。

裁判情况

本案一审宣判后,双方当事人均未提出上诉,判决已发生法律效力。一审法院认为,本案系光污染纠纷,光污染对人身的伤害具有潜在性和隐蔽性等特点,在初期被侵权人往往显露不出明显的受损害症状,其所遭受的损害往往暂时无法精确计量。但随着时间的推移，损害会逐渐显露。参考本案专家意见，光污染对人的影响除了能够感知的对视觉的影响外，太强的光辐射还会造成人体生物钟紊乱，短时间看不出影响，但长期会带来影响。本案中，被告使用LED显示屏播放广告、宣传资料等所产生的强光，已超出了一般人可容忍的程度，影响了相邻居住的李某等居民的正常生活。根据日常生活经验法则，某置地有限公司运行LED显示屏产生的光污染势必会给李某等人的身心健康造成损害，这也为公众普遍认可。综上，某置地有限公司运行LED显示屏产生的光污染已致使李某居住的环境权益受损，并导致李某的身心健康受到损害。

裁判结论：某置地有限公司立即停止LED显示屏对李某的光污染侵害，包括限定显示屏开启、关闭时间；限定显示屏每日19时后的亮度。

释法析理

环境污染的损害事实主要包含了污染环境的行为致使当事人的财产、人身受到损害以及环境受到损害的事实。环境污染侵权责任属特殊侵权责任，其构成要件包括以下三个方面：一是污染者有污染环境的行为；二是被侵权人有损害事实；三是污染者污染环境的行为与被侵权人的损害之间有因果关系。环境污染侵权的损害后果不同于一般侵权的损害后果，不仅包括症状明显并可计量的损害结果，还包括那些症状不明显或者暂时无症状且暂时无法用计量方法反映的损害结果。由于光污染对人身的伤害具有潜在性、隐蔽性和个体差异性等特点，人民法院认定光污染损害，应当依据国家标准、地方标准、行业标准，是否干扰他人正常生活、工作和学习，以及是否超出公众可容忍度等进行综合认定。对于公众可容忍度，可以根据周边居民的反应情况、现场的实际感受及专家意见等判断。

由于环境侵权是通过环境这一媒介侵害到一定地区不特定多数人的人身、财产权益，且一旦出现可用计量方法反映的损害，其后果往往已无法弥补和消除。因此在环境侵权中，侵权行为人实施了污染环境的行为，即使还未出现可计量的损害后果，也应承担相应的侵权责任。本案中，从市民的投诉反映看，被告在生产经营过程中，理应认识到使用LED显示屏播放广告、宣传资料等发出的强光会对居住在对面以及周围住宅小区的原告等人造成影响，并负有采取必要措施以减少对原告等人影响的义务。但被告仍然使用LED显示屏播放广告、宣传资料等，其产生的强光明显超出了一般人可容忍的程度，构成光污染，严重干扰了周边人群的正常生活，对原告等人的环境权益造成损害，进而损害了原告等人的身心健康。因此，即使原告尚未出现明显症状，其生活受到光污染侵扰、环境权益受到损害也是客观存在的事实，故被告应承担停止侵害、排除妨碍等民事责任。

相关法条

1. 《中华人民共和国民法典》第一千二百二十九条　因污染环境、破坏生态造成他人损害的，侵权人应当承担侵权责任。

2. 《中华人民共和国环境保护法》第四十二条第一款　排放污染物的企业事业单位和其他生产经营者，应当采取措施，防治在生产建设或者其他活动中产生的废气、废水、废渣、医疗废物、粉尘、恶臭气体、放射性物质以及噪声、振动、光辐射、电磁辐射等对环境的污染和危害。

污水排放企业能以排放达标
免除污染饮用水侵权赔偿责任吗
◆（第 1230 条）◆

基本案情

自 2003 年 6 月起，聂某等 149 户村民因本村井水达不到饮用水的标准，而到附近村庄取水。聂某等人以平顶山天安煤业股份有限公司五矿（以下简称五矿）、平顶山天安煤业股份有限公司六矿（以下简称六矿）、中平能化医疗集团总医院（以下简称总医院）排放的污水将地下水污染，造成井水不能饮用为由提起诉讼，请求判令三被告赔偿异地取水的误工损失等共计 212.4 万元。

问题描述

中华人民共和国民法典明确规定，因污染环境、破坏生态造成他人损害的，侵权人应当承担侵权责任。本案中，侵权人为排放污水的企业、医院，其主张排放的污水是达标的，不应赔偿。本案的争议焦点是，在污染环境、破坏生态侵权纠纷中，污水排放者能否以污染物达标作为抗辩理由，主张不承担侵权责任。

裁判情况

本案经过一审和二审。二审庭审中，鉴定人证明，即便三被告排放的是达标污水,也肯定会含有一定的污染因子,五矿、六矿职工及家属排放的生活污水与五矿、六矿排放的生产污水只能按主次责任划分。二审法院认为,污染者应对其污染行为造成的损害承担无过错责任,即使三被告排放的污染物达标,造成损害的,仍不能免除其民事责任。三被告对因其排放生产污水造成的本案误工损失共同承担40%的赔偿责任;五矿、六矿就其职工及家属排放生活污水造成的其余60%误工损失共同承担60%的赔偿责任。

裁判结论:判令五矿、六矿、总医院因排放生产污水共同赔偿聂某等人误工费17.65万元;五矿、六矿因其职工及其家属排放生活污水共同赔偿聂某等人误工费15.89万元。

释法析理

《中华人民共和国民法典》第1229条规定:"因污染环境、破坏生态造成他人损害的,侵权人应当承担侵权责任。"第1230条规定:"因污染环境、破坏生态发生纠纷,行为人应当就法律规定的不承担责任或者减轻责任的情形及其行为与损害之间不存在因果关系承担举证责任。"可见,我国污染环境、破坏生态侵权实行无过错责任和有条件的免责、减责事由,且免责、减责事由主要是污染环境、破坏生态的行为与损害结果之间不存在因果关系。本案中,多方排污导致地下水污染,危害饮用水水源,对聂某等人的民事权益造成损害,应当承担侵权责任。被告人以排放的污水达标为由抗辩,但其抗辩理由并不能证明"行为与损害结果之间不存在因果关系"的主张,仍不能免除其民事责任。即排放的污水是否达标不是问题的关键,只要排放污水行为对他人造成损害,依法就应当承担侵权责任。在污染环境、破坏生态侵权纠纷中,污水排放者以其污染物达标作为抗辩理由,主张不承担侵权责任的观点不能成立。

相关法条

1.《中华人民共和国民法典》第一千二百二十九条　因污染环境、破坏生态造成他人损害的，侵权人应当承担侵权责任。

2.《中华人民共和国民法典》第一千二百三十条　因污染环境、破坏生态发生纠纷，行为人应当就法律规定的不承担责任或者减轻责任的情形及其行为与损害之间不存在因果关系承担举证责任。

两个以上侵权人污染环境、破坏生态侵权责任如何承担

◆（第 1231 条）◆

基本案情

周某生于 2008 年 12 月，其父亲系 A 公司职员，A 公司生产橡塑制品，与 A 公司共同使用同一大院的还有 B 公司，B 公司生产塑料包装制品。两公司共用一个露天垃圾池，该垃圾池内堆放有废弃橡胶、化工原料桶、破布等，垃圾清理不及时。2009 年年底至 2010 年 6 月，周某父母带周某入住 A 公司提供的职工宿舍。该宿舍位于两公司生产车间之间，距离上述露天垃圾池 12 米。2010 年 6 月，周某被确诊为急性淋巴细胞白血病，后住院治疗 216 天。2010 年 12 月 31 日，医院诊断证明载明：白血病至今病因尚未完全明了，可能与病毒感染、化学因素如接触苯、放射元素及遗传因素有关。周某以 A 公司和 B 公司环境污染侵权为由诉至法院，要求赔偿损失 12 万元。

问题描述

本案是关于环境共同侵权行为中多个侵权人的责任分配的典型案例。构成共同环境污染，均存在多个侵权主体且均实施了污染环境、破坏生态的行为，数个侵权行为与损害后果有总体上的因果关系，每个侵权人承担责任大小的依据是，侵权人污染行为在造成损害结果中所起的作用大小。

裁判情况

本案一审宣判后，二审维持原判。一审法院认为，两个以上污染者污染环境，污染者承担责任的大小，根据污染物的种类、排放量等因素确定。

裁判结论：判决被告 A 公司和被告 B 公司连带赔偿原告周某医疗费、住院伙食补助费、营养费、护理费共计 4 万余元，驳回原告周某的其他诉讼请求。

释法析理

《中华人民共和国民法典》第 1231 条规定："两个以上侵权人污染环境、破坏生态的，承担责任的大小，根据污染物的种类、浓度、排放量，破坏生态的方式、范围、程度，以及行为对损害后果所起的作用等因素确定。"因此，两个以上侵权人污染环境、破坏生态的，侵权责任大小的分配应综合上述因素确定。

周某在 A 公司提供给其父亲的宿舍居住半年多时间，该宿舍距离两公司使用化工原料的生产车间、废物垃圾池、废弃化工原料桶较近，上述垃圾和化工原料无疑会对人体健康带来不利影响。A 公司和 B 公司否认其生产环境（包括原材料及废弃物）与周某患白血病存在因果关系，但未能充分举证，故对 A 公司和 B 公司的辩解意见，不予采信。虽然没有明确的鉴定结论可以确认周某患白血病与 A 公司和 B 公司存在必然的联系，但是，综合上述分析，A 公司和 B 公司应当对周某承担环境污染的侵权责任，但周某入住宿舍并非 A 公司要求或者强迫，而是周某父亲自行带入宿舍居住，故 A 公司和 B 公司应负次要责任。由于 A 公司和 B 公司均向垃圾池内堆放垃圾，且难以分清两个公司各自投放垃圾的数量，故 A 公司和 B 公司应负连带赔偿责任。周某父母作为完全民事行为能力人，明知 A 公司和 B 公司在宿舍附近的垃圾池堆放废弃橡胶、化工原料桶、破布等，在厕所夹墙内堆放废弃化工原料桶，且清理垃圾不及时，仍然将其一岁左右的女儿周某带入宿舍内居住达半年多时间，周某父母对此负有主要责任，周某应自行负担主要损失。

相关法条

《中华人民共和国民法典》第一千二百三十一条　两个以上侵权人污染环境、破坏生态的，承担责任的大小，根据污染物的种类、浓度、排放量，破坏生态的方式、范围、程度，以及行为对损害后果所起的作用等因素确定。

因第三人过错污染环境侵权责任如何承担
（第 1233 条）

基本案情

杨某驾驶牵引车与某运输公司的重型罐式货车追尾发生交通事故，造成杨某死亡、财产毁损，罐式货车所载的一甲胺溶液发生泄漏，造成环境污染。杨某承担此次事故的全部责任，某运输公司的驾驶员不承担责任。此次事故泄漏一甲胺溶液 5.34 吨，对当地鱼塘、农田造成污染。后政府职能部门对被污染的鱼塘和农田损失情况进行了实地测查，确认了相关损失。重庆市长寿区龙河镇盐井村 1 组（以下简称盐井村 1 组）提起诉讼，请求判令杨某、某运输公司连带赔偿因环境污染造成的财产损失 7500 元。

问题描述

本案的争议焦点是，载有化学物的车辆与其他车辆发生事故，造成化学物泄漏导致环境污染，在其他车辆对交通事故负全责的情况下，载有化学物车辆是否承担环境侵权责任。

裁判情况

法院审理认为，根据法律规定，环境污染者即使因第三人的过错造成他人损失，也不能免责，故某运输公司应当承担环境污染的损害赔偿责任，其在赔偿后有权向有过错的其他责任人进行追偿。杨某在交通事故中负有全部责任，对于盐井村1组遭受的环境污染损害具有过错，也应承担赔偿责任。某运输公司对污染行为与损害之间不存在因果关系未予举证证明，故对其辩解不予采信。

裁判结论：判令由某运输公司、杨某赔偿盐井村1组损失7500元。

释法析理

由于污染环境、破坏生态侵权行为危害大，影响范围广，所以法律对污染环境、破坏生态侵权责任作出了比一般侵权行为更加严格的规定。《中华人民共和国民法典》第1233条规定："因第三人的过错污染环境、破坏生态的，被侵权人可以向侵权人请求赔偿，也可以向第三人请求赔偿。侵权人赔偿后，有权向第三人追偿。"因此，载有化学物的车辆与其他车辆发生事故，造成化学物泄漏导致环境污染的，在其他车辆对交通事故负全责的情况下，虽然载有化学物车辆对交通事故的发生并不存在过错，但根据上述法律规定，同样应当承担环境侵权责任，其在赔偿后有权向有过错的其他责任人进行追偿。被告某运输公司不得以第三人过错造成损害为由拒绝赔偿，且该公司未能举证证明其行为与损害结果之间不存在因果关系，应当承担赔偿责任。运输公司赔偿后，有权向第三人追偿。因杨某的过错发生交通事故，其过错行为与盐井村1组遭受的环境污染损害具有直接的因果关系，杨某也应承担赔偿责任。

相关法条

《中华人民共和国民法典》第一千二百三十三条　因第三人的过错污染环境、破坏生态的，被侵权人可以向侵权人请求赔偿，也可以向第三人请求赔偿。侵权人赔偿后，有权向第三人追偿。

违反国家规定造成生态环境损害侵权人如何承担修复责任

(第1234条、第1235条)

基本案情

2014年2月至4月期间，王某、马某违法从事盐酸清洗长石颗粒项目，作业过程中产生约60吨的废酸液，该废酸液被王某先储存于一废水池内，其间存在明显的渗漏迹象，渗漏的废酸液对废水池周边土壤和地下水造成污染。废酸液又被排入消水河，对消水河内水体造成污染。2014年4月底，王某、马某又将另外的20余吨废酸液填埋在反应池内，该废酸液被认定为危险废物，废酸液被沙土填埋，受污染沙土总重为223吨。经检测，涉案酸洗池内受污染沙土属于危险废物，酸洗池内的受污染沙土总量都应该按照危险废物进行处置。经评估，本次污染可量化的环境损害应急处置费用和生态环境损害费用合计为77.6万元。

问题描述

中华人民共和国民法典明确规定，违反国家规定造成生态环境损害，生态环境能够修复的，侵权人应当在合理期限内承担修复责任。污染者违反国家规定向水域排污造成生态环境损害，以被污染水域有自净功能、水质得到恢复为由主张免除或者减轻生态环境修复责任的，不予支持。

裁判情况

本案经一审审理后，双方均未提出上诉，判决已发生法律效力。法院判决：（1）被告王某、马某在本判决生效之日起 30 日内在环保局的监督下按照危险废物的处置要求将酸洗池内受污染沙土 223 吨进行处置，消除危险；如不能自行处置，则由环境保护主管部门委托第三方进行处置，被告王某、马某赔偿酸洗危险废物处置费用 5.6 万元，支付至市环境公益诉讼基金账户。（2）被告王某、马某在本判决生效之日起 90 日内对周边地下水、土壤和消水河内水体的污染治理制定修复方案并进行修复，逾期不履行修复义务或者修复未达到保护生态环境社会公共利益标准的，赔偿因其偷排酸洗废水造成的生态损害修复费用 72 万元，支付至市环境公益诉讼基金账户。

释法析理

《中华人民共和国民法典》第 1234 条规定，违反国家规定造成生态环境损害，能够修复的，侵权人应在合理期限内承担修复责任。侵权人在期限内未修复的，国家规定的机关或者法律规定的组织可以自行或者委托他人进行修复，所需费用由侵权人负担。第 1235 条规定了侵权人需赔偿的损失和费用的具体类别。

本案中，王某、马某通过废水池、排水沟排放的酸洗废水系危险废物亦为有毒物质，污染环境致部分居民家中水井颜色变黄，味道呛人，无法饮用。监测发现部分居民家中井水的 PH 值低于背景值，氯化物、总硬度远高于背景值，且明显超标。储存于废水池期间渗漏的废水渗透至周边土壤和地下水，排入沟内的废水流入消水河。涉案污染区域周边没有其他类似污染源，可以确定受污染地下水系黄色、具有刺鼻气味，且氯化物浓度较高的污染物，即王某、马某实施的环境污染行为造成。水质监测报告显示，在原水质监测范围内的部分监测点位,水质监测结果达标。根据地质环境监测专家出具的意见,可知在消除污染源阻断污染因子进入地下水环境的情况下,随着上游地下水径流和污染区地下水径流扩大区域的地下水稀释及含水层岩土的吸附作用,污染水域的地下水浓度将逐渐降低,水质逐渐好转。地下水污染区域将随着时间的推移,在地下水径流水动力的作用下,整个污染区将逐渐向下游移动扩大。经过一定时间,原污染区可能达到有关水质要求标准,但这并不意味着地区生态环境好转或已修复。王某、马某仍应当承担其污染区域的环境生态损害修复责任。在被告不能自行修复的情况下,根据《环境污染损害数额计算推荐方法》和《突发环境事件应急处置阶段环境损害评估推荐方法》的规定,采用虚拟治理成本法估算王某、马某偷排废水造成的生态损害修复费用。

相关法条

1. 《中华人民共和国民法典》第一千二百三十四条 违反国家规定造成生态环境损害,生态环境能够修复的,国家规定的机关或者法律规定的组织有权请求侵权人在合理期限内承担修复责任。侵权人在期限内未修复的,国家规定的机关或者法律规定的组织可以自行或者委托他人进行修复,所需费用由侵权人负担。

2. 《中华人民共和国民法典》第一千二百三十五条 违反国家规定造成生态环境损害的,国家规定的机关或者法律规定的组织有权请求侵权人赔偿下列损失和费用:

(一) 生态环境受到损害至修复完成期间功能丧失导致的损失;

(二) 生态环境功能永久性损害造成的损失;

(三) 生态环境损害调查、鉴定评估等费用;

(四) 清除污染、修复生态环境费用;

(五) 防止损害的发生和扩大所支出的合理费用。

在建筑工地施工时被高空坠物砸伤应当由谁承担侵权责任

◆（第 1236 条）◆

📋 基本案情

A 集团有限公司是青兰高速公路雷家角至西峰段 lx10 标中标施工单位，具体将工程交由其公司 10 标项目经理部负责施工。后 A 集团公司以书面形式将箱梁安装任务和土方工程分别分包给没有资质的张某某和严某某，同时签订了相关安全施工协议。某日郑某某在施工大桥下等待为严某某运土时，被张某某工队上坠落重物砸中头部，致其头部外伤，并于当天进行双侧开颅手术，由于伤情严重，后治疗无果出院，共花医疗费 239208.53 元，A 集团公司 10 标项目经理部支付 219533.53 元，郑某某自行垫付 19675 元。经司法物证鉴定所鉴定，郑某某构成一级伤残，完全依赖护理。

🔍 问题描述

本案是因高度危险作业造成他人损害引起的赔偿纠纷案件，需要判明郑某某受伤与 A 集团、项目经理部、分包人张某某、严某某之间的法律关系及四人的责任承担。本案的争议焦点是，未经发包人同意，承包人擅自将分项工程分包给没有资质的第三方的行为，承包人是否仍对实际施工人负有安全保障义务；郑某某未尽到注意义务是否应承担责任。

裁判情况

根据法律规定，从事高度危险作业造成他人损害的，应承担侵权责任。承包人未经发包人同意，擅自将分项工程分包给没有资质的第三方，属于违法分包，分包合同应认定为无效；对于施工现场，承包人仍负有安全保障义务，如果因承包人未对施工现场实行封闭管理且未尽到安全注意义务，导致实际施工人人身受到严重损害的，则仍应当由承包人承担主要赔偿责任，因为其对事故的发生存在重大过错。

裁判结论：(1) 郑某某医疗费、住院伙食补助费、营养费、误工费、护理费、交通住宿费、残疾赔偿金、被抚养人生活费、精神抚慰金共计812505.03元，由A集团公司赔偿438752.72元（已付219533.53元）；张某某赔偿268126.66元；严某某赔偿65000.40元；郑某某自行负担40625.25元。A集团公司对张某某、严某某承担连带责任。(2) 驳回郑某某其他诉讼请求。①

释法析理

《中华人民共和国民法典》第1236条规定："从事高度危险作业造成他人损害的，应当承担侵权责任。"所谓"高度危险责任"，既包括使用民用核设施、高速轨道运输工具和从事高压、高空、地下采掘等高度危险活动，也包括占有或使用易燃、易爆、剧毒和放射性等高度危险物的行为。"高度危险作业"的表述是个开放性的概念，包括一切对周围环境产生高度危险的作业形式，造成他人损害的，应当承担无过错责任，但针对具体的高度危险责任，法律规定不承担责任或者减轻责任的，依照其规定。

---

① 参考石宏主编：《中华人民共和国民法典立法精解》（下），中国检察出版社2020年版，第1663页。

A集团公司作为中标段施工单位，在承包了该工程后，将工程交由公司10标项目经理部负责施工，应当在施工现场采取维护安全、防范危险、预防火灾等措施。A集团公司以书面形式将箱梁安装任务和土方工程分别分包给没有资质的张某某和严某某，双方虽签有施工协议，但属违法分包，系无效合同。A集团公司作为中标单位，在组织施工过程中对施工现场未实行封闭管理，在施工的箱梁下同时有严某某施工队施工及车辆人员出入，未尽到管理职责，对事故的发生具有过错，应承担赔偿责任。诉讼中共同被告均愿意承担郑某某合理部分的赔偿责任，但A集团公司作为中标的施工单位，应对其他被告承担连带责任。10标项目经理部对外虽刻有印章，但并无独立的法人资格，系临时管理机构，其所承担的责任应由A集团公司承担。张某某在从事高空危险作业时，未按技术规范进行操作，致使物件坠落砸伤郑某某，侵害了郑某某的身体权，应承担赔偿责任。严某某与郑某某虽系承揽关系，但严某某驾驶施工车辆进入箱梁施工现场，缺乏安全意识，对郑某某损害结果的发生也有一定过错，应承担相应赔偿责任。郑某某系成年人，在出入施工现场时，未佩戴安全帽，无安全意识，对损害的发生也有过错，可以减轻四被告的责任。

相关法条

《中华人民共和国民法典》第一千二百三十六条　从事高度危险作业造成他人损害的，应当承担侵权责任。

受邀乘坐飞机坠毁后航空器经营者是否承担责任

◆(第1238条)◆

基本案情

赵某生前系某市通用航空有限责任公司飞行员,持有中国民航颁发的商用飞行执照。某次休假期间,赵某受到A公司的邀请,到安徽某地乘坐两人座轻型运动飞机。该飞机起飞后不久坠地起火,包括赵某在内的机上两名成员当场死亡。涉事航空器属B公司所有,未取得中国民航的型号认可和生产许可证,亦未取得中国民航的适航证、国籍登记证和民用航空器电台执照,该次飞行活动未申报飞行计划。飞行员雷某系美国国籍,为上述两公司提供飞行工作,但未持有中国民航飞行执照或执照认可函。该次飞行事故系一起非法飞行引发的通用航空一般飞行事故。后赵某的近亲属等人要求A公司、B公司及两公司实际控制人陈某赔偿死亡赔偿金、丧葬费、被抚养人生活费以及精神损害抚慰金等费用共计160万余元。

问题描述

本案系民用航空器造成他人损害的赔偿纠纷案件,本案的争议焦点是,死者赵某生前系飞行员,其是否存在过错,是否应当承担部分责任,A公司、B公司是否具有免责事由。

裁判情况

本案经过一审、二审。法院审理认为,赵某在非法飞行事故中死亡,航空器的经营者应当承担侵权责任。B 公司作为该航空器的所有者,A 公司作为此次飞行活动的参与实施者,均应当承担侵权责任。陈某系两公司的实际控制人,但法律后果由其代表的两公司承担。赵某的第一顺序继承人可以请求侵权人承担民事责任。

裁判结论:A 公司及 B 公司赔偿原告丧葬费 42516 元、死亡赔偿金 1295353 元、精神损害抚慰金 10 万元,以上共计 1437869 元,驳回原告的其他诉讼请求。

释法析理

根据《中华人民共和国民法典》第 1238 条规定:"民用航空器造成他人损害的,民用航空器的经营者应当承担侵权责任;但是,能够证明损害是因受害人故意造成的,不承担责任。"也就是说,经营者如果能够证明损害是受害人故意造成的,经营者就可以不承担责任。实践中,受害人的故意常见有自杀和自伤等。

本案中,涉事航空器属于 B 公司所有,该航空器未取得中国民航的型号认可和生产许可证等行政许可,A 公司组织此次飞行活动未向军、民航空管部门申报飞行计划,涉案事故系 B 公司、A 公司违法侵权造成,两公司未能举证证明赵某具有自杀或自伤的故意,因此不具备法定免责事由。《中华人民共和国民法典》第 1173 条规定:"被侵权人对同一损害的发生或者扩大有过错的,可以减轻侵权人的责任。"过错又称过失,是指行为人对自己行为的结果应当预见或者能够预见而没有预见;或者虽然预见了却轻信这种结果可以避免的心理状态。判断当事人是否具有过错应采用客观标准。赵某生前虽系某公司飞行员,持有中国民航颁发的商用飞行执照，应比普通人对于此次非法飞行可能的危害有更清楚的认知，但其登机行为本身并不增加涉事航空器坠毁的危险性。在高度危险作业中，相对于 A 公司、B 公司的过错而言，受害人赵某的登机行为属于一般过失，且没有证据证明赵某登机后的行为与机毁人亡的结果之间存在因果关系。因此本案不适用过失相抵，赵某无须自行承担责任。A 公司、B 公司应依法承担全部赔偿责任。

相关法条

1. 《中华人民共和国民法典》第一千一百七十三条　被侵权人对同一损害的发生或者扩大有过错的，可以减轻侵权人的责任。

2. 《中华人民共和国民法典》第一千二百三十八条　民用航空器造成他人损害的，民用航空器的经营者应当承担侵权责任；但是，能够证明损害是因受害人故意造成的，不承担责任。

天然气管道泄漏引发爆炸造成损害应当由谁承担侵权责任

◆（第 1239 条）◆

基本案情

赵某为 A 化工公司聘用人员，一直从事门卫工作。2013 年 9 月 21 日下午 5 时许，在对涉事门卫室进行安全检查时，因该门卫室地板下天然气管道泄漏，引发爆炸，造成赵某严重烧伤的重大安全事故。赵某受伤后，在医院住院治疗 352 天，用去医疗费 683779 元，天然气公司垫付 540396.5 元，其余费用由赵某垫付。赵某的医疗诊断为：（1）头面颈部、躯干、双上肢天然气火焰烧伤35%；（2）重度吸入性损伤；（3）全身多处瘢痕增生；（4）双上肢活动障碍。出院后经司法鉴定中心进行司法鉴定，结论为：（1）被鉴定人目前属于一个Ⅲ（3）级残、一个Ⅸ（9）级残和三个Ⅹ（10）级残；（2）被鉴定人的续医费评定为 6 万元人民币；（3）被鉴定人的误工时限评定为 12 个月；（4）被鉴定人的营养时限评定为 9 个月；（5）被鉴定人的护理时限评定为 9 个月。

问题描述

本案系第三人与用人单位致雇员人身损害，雇员起诉第三人与用人单位共同承担侵权责任的健康权纠纷案件，需要在对三者之间民事法律关系作出基础判断的基础上，分不同情形，结合相关法律规定处理三者之间责任承担问题。本案的争议焦点是，如何确认三者之间的责任问题。

裁判情况

本案经过一审、二审。法院审理认为，天然气公司未尽到充分的管理义务而引发本次安全事故，应当承担侵权赔偿责任。赵某并非天然气作业专业人员，只负有普通人的注意义务，故不存在重大过失，且天然气公司未举证证明赵某存在重大过失，因此赵某不承担任何责任。A化工公司、B化工公司因对涉事门卫室修建、改建存在行政违法行为，对事故的发生均存在一定过错，且该过错与本次事故的发生存在一定关联性，应当承担相应的赔偿责任。赵某与A公司形成劳动关系，赵某应通过工伤途径另行提起对A公司的工伤赔偿，A公司在本案中不承担侵权责任。

裁判结论：天然气公司赔偿赵某医疗费、残疾赔偿金、被抚养人生活费、护理费等合计1165364.72元，扣除已垫付费用545396.50元，还应赔偿原告619968.22元，B公司赔偿赵某医疗费、残疾赔偿金、被抚养人生活费、护理费等合计145670.59元。①

释法析理

高度危险物本身具有危及他人人身、财产的自然属性，但往往是因为在占有和使用过程中造成他人损害。高度危险物的占有人和使用人必须采取可靠的安全措施，避免高度危险物造成他人损害。占有人或者使用人能够证明损害是因受害人故意或者不可抗力造成的，不承担责任；

---

① 参考石宏主编：《中华人民共和国民法典立法精解》（下），中国检察出版社2020年版，第1666~1667页。

被侵权人对损害的发生有重大过失的，适用过失相抵原则，可以减轻占有人或者使用人的责任。

本案中，经安全生产监察支队对此次事故进行情况核实，认定涉事天然气输气管道系天然气公司投资建设，其穿越B化工公司工厂区域内。未见设置天然气输气管道安全警示标志，未见告知书证，在定期对输气管道进行巡查、维护、检测和维修等工作中不到位，直至事故发生前均未告知A化工公司或B化工公司厂区区域内埋设天然气输气管道，更未及时采取必要的安全措施排除安全隐患，对事故负有管理责任。另认定B化工公司在修建该门卫室时，未向建设主管部门申办并取得临时建设工程规划许可证等手续，未查明门卫室下面是否有燃气管道。A化工公司于2009年3月与B化工公司协商租用公司闲置土地协议达成后，对涉事B化工公司门卫室进行改建时未见向建设主管部门申办并取得临时建设工程规划许可证等手续，也未查明门卫室下面是否有燃气管道，对事故均负有一定责任。赵某作为天然气常识方面的普通人，其只应负有普通人的注意义务，故其不存在重大过失，不应当承担责任。不能免除天然气公司、A化工公司和B化工公司的责任。但赵某与A化工公司形成劳动关系，故赵某应通过工伤途径提起对A公司工伤赔偿，A化工公司在本案中不承担侵权责任。

相关法条

《中华人民共和国民法典》第一千二百三十九条　占有或者使用易燃、易爆、剧毒、高放射性、强腐蚀性、高致病性等高度危险物造成他人损害的，占有人或者使用人应当承担侵权责任；但是，能够证明损害是因受害人故意或者不可抗力造成的，不承担责任。被侵权人对损害的发生有重大过失的，可以减轻占有人或者使用人的责任。

案解民法典 ——群众身边的法律顾问

在农场钓鱼时触电身亡侵权责任如何承担

◆（第 1240 条）◆

基本案情

受害人王某甲在某农场钓鱼时，前往悬挂"禁止在高压线下钓鱼"的警示牌附近，使用6.3米的鱼竿，在高压线下进行垂钓，后不慎触电死亡。经了解，某供电所是高压电能的经营企业，某畜牧公司利用事故输电线路从事有关生产经营，双方订立了《高压供用电合同》，并对案涉高压线路产权归属进行了约定。2017年，王某甲妻子胡某、女儿王某乙、母亲李某、父亲王某丙（王某系其父母独子）将某农场、某畜牧公司、某供电所诉至法院，请求被告赔偿。

问题描述

本案系一起因触电身亡而引起人身损害赔偿纠纷案件。三被告各执一词，均认为自己不应当承担侵权责任。被告某农场认为，自己对受害人尽到了安全防范义务，受害人自身的行为才是导致事故发生的原因。受害人王某生前多次到农场钓鱼，对于在高压线下钓鱼的危险性应当知晓，且受害人不听劝阻，到高压线下钓鱼，最终造成触电事故的发生，其在主观上存在非常重大的过错，应当承担主要责任。被告某畜牧公司辩称，自己虽然作为用电户和约定的产权人，但是案涉高压线路不存在瑕疵，符合电力行业技术规范，某畜牧公司不具有侵权行为，不应承担责任。某供电所辩称，某畜牧公司作为高压线路设施的产权人和管理人，没有尽到相应的管理维护职责，应承担相应的责任，某供电所不应承担责任。本案的争议焦点是，本案是否适用无过错责任原则，某农场、某畜牧公司、某供电所是否应承担赔偿责任。

裁判情况

本案经过一审、二审和再审。再审法院认为，第一，由于发生电击伤害的危险源不是输电线路本身，而是某供电所经营的高压电能，且本案为高压电触电致人死亡，属于高度危险作业致人损害，适用无过错责任原则。某农场在架空电力线路保护区内经营垂钓业务，对受害人王某未尽到必要的安全保障义务，未对现场进行安全管理和防范，致使受害人发生电击事故，对损害结果应承担民事赔偿责任。某畜牧公司系王某触电身亡所处的10KV高压电力线路的产权人，在某农场鱼塘建成后经营垂钓业务，影响该高压线路安全运行的情况下，未对其所有的受电设施进行必要的维护与管理，也应对损害结果承担相应的民事赔偿责任。第二，关于受害人的民事责任承担，王某作为完全民事行为能力人，应当预见到在高压线下垂钓可能接触高压线发生触电事故的危险性，却缺乏安全防患意识，对自身受到的伤害也负有一定的责任，且钓鱼场所附近明显悬挂着"禁止在高压线下钓鱼"的警示牌，但其对该警示提醒置之不理，使用6.3米的鱼竿，在高压线下进行钓鱼活动，远远超过高压线距离地面的安全距离，从而因疏忽大意接触高压线而触电身亡，自身亦存在重大过错，应适当减轻供电所、畜牧公司与农场的赔偿责任。

裁判结论：（1）某供电所承担30%的赔偿责任，某农场承担15%的赔偿责任，某畜牧公司承担10%的赔偿责任，王某自行承担45%的赔偿责任；（2）驳回原告其他诉讼请求。

释法析理

从事高度危险作业造成他人损害的，由经营者承担无过错责任。如果经营者能够证明损害是因受害人的故意或者不可抗力造成的，不承担责任；被侵权人对损害的发生有重大过失的，适用过失相抵原则，可减轻经营者的责任。作为从事高压作业的供电所在从事高压作业时对周围环境和人群构成重大危险，必须采取恰当措施，高度防范，以保障人员和财产安全，经营者必须对可能出现的问题保持警惕。一旦损害发生，不存在被害人故意或不可抗力的情形，经营者就不能免除民事赔偿责任。法律规定的"经营者"既可能是高压电能的经营者，也可能是输电线路或供电设施的经营者。只要高压电或输电线路、供电设施的经营者的经营行为与受害人遭受损害之间存在因果关系，"经营者"就应承担侵权责任。

本案中，某供电所负责电能的经营，是高压电能的经营者；某畜牧公司利用供电设施从事生产经营，也属于经营者范畴。死者王某是接触到带有高压电的供电线路而遭受损害，系高压和供电设施两者结合导致损害的发生。故两公司均应承担相应责任。某农场未对现场进行安全管理和防范，未采取避免垂钓者的鱼竿及鱼线触碰到高压线的保护措施，不足以避免事故的发生，其对损害后果应承担相应的赔偿责任。

相关法条

《中华人民共和国民法典》第一千二百四十条 从事高空、高压、地下挖掘活动或者使用高速轨道运输工具造成他人损害的，经营者应当承担侵权责任；但是能够证明损害是因受害人故意或者不可抗力造成的，不承担责任。被侵权人对损害的发生有重大过失的，可以减轻经营者的责任。

捡拾飘来的氢气球发生爆炸造成损害应当由谁承担侵权责任

◆（第 1241 条）◆

基本案情

陈某甲、张某家附近飘落一只直径约 2 米的气球，气球下方悬挂内容为"热烈祝贺 B 购物广场冀祥店盛大开业"的条幅。陈某甲儿子陈某乙发现后，一同捡拾该气球，并存放于陈某甲家中与厨房相连的储物间内，陈某甲知晓该情况，但未将拾得物上缴。后陈某乙与其朋友等三人在储物间玩气球时，气球发生爆炸，致使储物间倒塌，致陈某乙在内的五人被埋在倒塌的房屋下。五人随后被送至医院，两人经抢救无效死亡，三人转院继续治疗。后查明，氢气球为 A 公司委托 C 公司，为其下设的 B 购物广场举办开业庆典活动用。C 公司负责与县市气象局工作人员徐某联系施放空飘气球，徐某带领数名气象局工作人员按照 C 公司的要求，到活动现场施放气球。A 公司还专门印制了内容为"热烈祝贺 B 购物广场冀祥店盛大开业"的大型条幅，分别悬挂于每一只气球的下方。每只气球直径约为 2 米，球内气体为氢气，均扣系于 B 购物广场楼顶前方的招牌处。约定待空飘气球施放结束后，由徐某等人收回。徐某收取 C 公司 3500 元费用，并以气象局的名义向 C 公司出具收条。活动结束后，A 公司向 C 公司支付了活动费用 2 万元。

问题描述

本案是因高度危险物遗失造成他人损害引起的侵权赔偿纠纷案件。本案需要判明的问题主要有：徐某在购物广场开业庆典上施放氢气球是否属于执行县市气象局工作任务的行为；A公司、C公司是否对氢气球负有管理义务。本案的争议焦点是，涉案氢气球系遗失物，被侵权人拾得后非法占有，被侵权人存在严重过错，侵权人是否应当减轻相应责任。

裁判情况

本案经过一审、二审及再审。法院审理认为，公民享有生命健康权，公民的人身权利受法律保护。侵权人的行为导致被侵权人受伤或死亡的，被侵权人有权请求侵权人承担侵权责任。二人以上共同实施侵权行为，造成他人损害的，应当承担连带责任。法人或者其他组织的法定代表人、负责人以及工作人员，在执行职务中致人损害的，由该法人或者其他组织承担民事责任。遗失、抛弃高度危险物造成他人损害的，由所有人承担侵权责任。所有人将高度危险物交由他人管理的，由管理人承担侵权责任；所有人有过错的，与管理人承担连带责任。被侵权人对损害的发生也有过错的，可以减轻侵权人的责任。拾得人拾得遗失物，应当返还权利人，及时通知权利人领取，或者送交公安等部门。气象局、A公司、C公司未就现场管理问题进行约定，对于氢气球均负有管理、安全注意和控制危险义务，在施放过程中，现场一只氢气球遗失后，均未及时采取措施避免损害的发生，县市气象局、A公司、C公司的行为共同造成本案侵权后果，应当共同承担侵权责任。

裁判结论：气象局、A公司、C公司共同承担侵权责任。考虑到本案中被侵权人存在错过，酌情减轻气象局、A 公司、C 公司的赔偿责任。①

 **释法析理**

  按照有关高度危险物的生产、储存和处置的安全规范，所有人应当采取必要的安全措施保管或者处置其所有的高度危险物。违反有关规定抛弃或者遗失高度危险物造成他人损害的，应当承担侵权责任。这里的侵权责任是无过错责任，同时，考虑到遗失、抛弃高度危险物，其所有人往往是违反有关安全规范，本身有过错，这里的责任更严格。现实中，所有人根据生产、经营的需要，将其所有的高度危险物交给他人管理，高度危险物的管理人应当具有相应资质，并按照国家有关安全规范，妥善管理他人交付的高度危险物。如果因为管理不善，遗失、抛弃高度危险物的，管理人应当承担侵权责任。若所有人有过错，如没有选择有相应资质的管理单位、未选择具有资质的管理人，亦应当与管理人承担连带责任。本案中，徐某为氢气球的组织施放人，其施放氢气球行为因系履行职务行为，应当由县气象局承担法律后果，因此县气象局作为案涉氢气球的所有人即管理人，对施放的氢气球负有直接、主要的管理义务，A 公司、C 公司亦因对施放的氢气球负有管理义务而为案涉氢气球的管理人，均应对损害后果承担无过错赔偿责任。

相关法条

  《中华人民共和国民法典》第一千二百四十一条 遗失、抛弃高度危险物造成他人损害的，由所有人承担侵权责任。所有人将高度危险物交由他人管理的，由管理人承担侵权责任；所有人有过错的，与管理人承担连带责任。

---

  ① 参考石宏主编：《中华人民共和国民法典立法精解》（下），中国检察出版社 2020 年版，第 1669~1670 页。

盗油者不慎引爆天然气烧伤他人谁应对受害者负责

（第 1242 条）

基本案情

郑某某、孟某某、陈某某、王某某、冯某某等五人在共同实施盗窃 A 油田分公司所有的长停状态油井过程中，天然气泄漏并发生爆炸起火，导致在油井附近私自搭建平房居住生活的窦某某全身大面积烧伤。后窦某某以 A 油田分公司为被告向法院提起健康权诉讼，请求法院判决 A 油田分公司赔偿其因伤产生的医疗费、护理费、营养费、住院伙食补助费、误工费、伤残赔偿金、被抚养人生活费、精神抚慰金、交通费、鉴定费、以上各项损失共计 2467899.18 元。

问题描述

本案系危险物导致人身伤害引起的侵权赔偿纠纷案件。针对原告的诉求，A 油田分公司认为其已尽到了防范和高度注意义务，不应对窦某某的损失与郑某某、孟某某、陈某某、王某某、冯某某五名原审第三人承担连带责任，窦某某对其本人遭受到伤害后果存在重大过失，应当承担部分责任。本案的焦点问题在于，一是关于涉案侵权责任的性质及责任承担问题，主要争议是 A 油田分公司是否担责、窦某某是否担责问题；二是关于窦某某损失的合法范围确定。

裁判情况

本案经过一审、二审。法院审理认为，第一，油井套管放油期间会产出大量天然气，如果措施不当会发生爆炸事故，天然气和原油都是列入《危险货物品名表》的危险物品。案涉油井虽建设在先，但A油田分公司对此后大量社会人员在油井周边危险区域范围内陆续违法搭建平房的行为，未能采取相应的安全隔离、警示或拆除、清理等有效措施，油井采油树裸露地面，以致无须具备太多相关专业技能或知识的人员亦能打开套管阀门放油放气。A油田分公司作为案涉油井的所有人、管理人，未能提供充分证据证明其已经尽到"对防止他人非法占有尽到高度注意义务"以及"已经采取安全措施并尽到警示义务"，故认定A油田分公司与五名第三人承担连带责任。第二，关于窦某某是否承担责任的问题。窦某某系非专业人士，其对油井高度危险的属性缺乏了解，案涉临建平房虽系违法建筑，但事故发生前，窦某某已在该房屋居住多年，基于该情节不足以推定窦某某对自身损害存在故意或重大过失，窦某某不宜承担责任。

裁判结论：A油田分公司与五名第三人承担连带责任，窦某某不承担责任。

释法析理

高度危险物包括易燃、易爆、剧毒、放射性、危险化学品，这些物品因为本身即具有极易对人身、财产造成损害的高度危险性。但在现实中，有些储存、使用高度危险物的所有人或者管理人的安全措施不到位，导致高度危险物被盗，对周边人民群众的生命健康和财产产生巨大威胁，并造成人员伤亡事故。因此，《中华人民共和国民法典》第1242条明确规定，"非法占有高度危险物造成他人损害的，由非法占有人承担侵权责任。所有人、管理人不能证明对防止非法占有尽到高度注意义务的,与非法占有人承担连带责任"。本案中因郑某某等五人非法偷盗A油田分公司所有的长停状态油井过程中,天然气泄漏并发生爆炸起火。A油田分公司的所有人、管理人,未能提供充分证据证明其已经尽到"对防止他人非法占有尽到高度注意义务"以及"已经采取安全措施并尽到警示义务",故A油田分公司应当与郑某某等五人承担连带责任。

相关法条

《中华人民共和国民法典》第一千二百四十二条 非法占有高度危险物造成他人损害的,由非法占有人承担侵权责任。所有人、管理人不能证明对防止非法占有尽到高度注意义务的,与非法占有人承担连带责任。

老人私自潜入发电公司煤场死亡发电公司应当承担侵权责任吗

◆（第 1243 条）◆

基本案情

曲某甲之父曲某乙，于 2017 年 4 月 26 日早饭后外出未归，曲某甲与家人、亲友积极寻找未果后，4 月 27 日向辖区元宝山云杉路派出所报案。2017 年 5 月 5 日下午 18 时，元宝山区公安分局刑警大队接到 A 发电公司报案，公司工人在厂区北侧煤场下方草地发现一具无名男尸。元宝山公安分局出警后，查明死者为曲某甲的父亲曲某乙。经法医鉴定，认定死亡原因符合钝性外力作用所致，高坠可形成。经查，死者曲某乙生前身体健康，无限制行为能力的疾病，与 A 发电公司无任何业务关系和劳动人事关系。另查明，A 发电公司实行封闭式管理，煤场沿途的栈桥门窗有"未经允许不得入内"的警示。2017 年 4 月 26 日至 5 月 5 日期间，A 发电公司正门登记记录和安保人员，均没有显示和发现死者曲某乙从正门进入厂区。2017 年，曲某甲请求法院判决 A 发电公司对曲某乙的死亡依法负安全保障义务，对曲某乙的死亡承担赔偿责任。

问题描述

本案系违反安全保障义务责任纠纷案件。本案的争议焦点是，A 发电公司对死者曲某乙是否负有安全保障义务；A 发电公司对死者曲某乙的死亡是否存在过错。

裁判情况

本案经过一审、二审、再审，法院审理认为，死者曲某乙系完全行为能力人，其对 A 发电公司厂区及生产设施可能存在危险应当有所预知，却不顾 A 发电公司的明确警示，逃避 A 发电公司的正常监管，属于自陷风险。A 发电公司在保障自身生产安全的同时，对生产厂区、设施对人身安全可能存在的危险已经通过设立门岗、监控、围墙、巡查、封闭输煤栈桥门窗、警示"未经允许不得入内"、加宽支撑架间距等方式予以防范，已经尽到行业要求和一般人能够理解的审慎注意义务，故 A 发电公司不应承担赔偿责任。

裁判结论：A 发电公司不承担赔偿责任，驳回曲某甲的诉讼请求。①

释法析理

高度危险责任中除包括对周围环境实施积极、主动危险活动的高度危险作业，还包括并非积极、主动实施对周围环境造成高度危险的活动。本案中的 A 发电公司煤场就属于此，其场所、区域具有高度危险性，未经许可擅自进入该区域，易导致损害发生。但此类高度危险活动区域或者高度危险物存放区都同社会大众的活动场所相隔绝，如果管理人已经采取足够安全措施并且尽到充分警示义务，受害人未经许可进入该高度危险区域这一行为本身就说明受害人对损害的发生具有过错。例如，出

---

① 参考石宏主编：《中华人民共和国民法典立法精解》（下），中国检察出版社 2020 年版，第 1672～1673 页。

于自杀的故意积极追求损害的发生，或者出于过失，虽然看到警示标示但轻易相信自己能够避免。这种情况下，高度危险活动区域或者高度危险物存放区域的管理人可以减轻或者不承担责任。

本案中，第一，A发电公司已就其采取的安全防范措施进行了举证，曲某甲予以否认并认为A发电公司存在法律意义上的过错，应当承担举证责任。第二，没有义务也就没有过错。由于A发电公司并非曲某乙的安全保障义务主体，故其对曲某乙没有法律上的监护、救助责任，因而不应认定其对曲某乙陷入危险没有被及时发现和救治存在过错。同时，本案也没有证据证明曲某乙系合法进入A发电公司。故A发电公司不应承担赔偿责任。曲某乙属自陷风险，应当责任自负。

相关法条

《中华人民共和国民法典》第一千二百四十三条　未经许可进入高度危险活动区域或者高度危险物存放区域受到损害，管理人能够证明已经采取足够安全措施并尽到充分警示义务的，可以减轻或者不承担责任。

骑电动自行车与他人的狗相撞骑车人倒地受伤侵权损害责任如何承担

◆（第 1245 条）◆

基本案情

某日，王某在某小区道路骑行电动自行车由西向东快速行驶，适有李某饲养的狗由北向南穿行，二者发生碰撞，导致王某倒地受伤，医院诊断为左锁骨中段粉碎性骨折。经鉴定，王某所受损伤构成十级伤残。

问题描述

中华人民共和国民法典明确规定，饲养的动物造成他人损害的，动物饲养人或者管理人应当承担侵权责任。据此，动物致人损害的，对动物饲养人或者管理人适用无过错原则，即侵权人即使无任何过错，仍需承担侵权责任。本案的争议焦点是，受害人对损害结果也有过错的，如何进行责任分担。

裁判情况

本案二审裁定维持一审判决。一审法院认为，李某对其饲养的狗未加合理管束，与王某发生碰撞并致使其受伤，李某对此应承担相应的赔偿责任。但王某于小区内道路驾驶电动自行车快速行驶，对于损害的发生亦有一定过错，应适当减轻李某的赔偿责任。

裁判结论：判决李某赔偿王某医疗费、误工费、营养费、伤残赔偿金、精神抚慰金等3.5万余元。

释法析理

饲养的动物造成他人损害的，属于特殊的侵权纠纷，适用无过错原则，即侵权人即使无任何过错，仍需承担侵权责任。《中华人民共和国民法典》第1245条规定："饲养的动物造成他人损害的，动物饲养人或者管理人应当承担侵权责任；但是，能够证明损害是因被侵权人故意或者重大过失造成的，可以不承担或者减轻责任。"在两个或两个以上原因相互结合导致侵权结果的发生的，任何一个不足以造成这种结果的情况下，法院将全面衡量各方的责任，综合考虑各方的过错因素作出相应的责任分担。受害人对侵权结果也有过错，应自行承担相应责任，适当减轻动物饲养人或者管理人的赔偿责任。

根据法律规定，当事人对自己提出的诉讼请求所依据的事实或者反驳对方诉讼请求所依据的事实有责任提供证据加以证明。没有证据或者证据不足以证明当事人的事实主张的，由负有举证责任的当事人承担不利后果。本案中，依据在案证据可以认定，李某饲养的动物造成了王某的损害，李某作为饲养人和管理人，应当承担侵权责任。同时，王某在小区内骑电动自行车快速行驶亦是发生本次事故的因素之一，由于上述两方过错的结合，才导致本次人身伤害事故的发生。法院综合考虑双方过错因素作出的相应责任分担，并无不当。

相关法条

《中华人民共和国民法典》第一千二百四十五条 饲养的动物造成他人损害的，动物饲养人或者管理人应当承担侵权责任；但是，能够证明损害是因被侵权人故意或者重大过失造成的，可以不承担或者减轻责任。

宠物窜入机动车道造成骑车人受伤如何承担侵权责任

——（第1246条、第1249条）——

基本案情

某日，王某驾驶二轮摩托车途经某地段，遇徐某饲养的萨摩犬（未办理登记手续、未牵引）进入机动车道，王某驾驶的二轮摩托车与萨摩犬相碰，致王某跌倒受伤，萨摩犬死亡、车辆部分损坏。事故发生后，王某入院治疗，花费医疗费9万余元。经查，徐某未对萨摩犬采取安全防护措施，未尽到管理和监护的责任；王某驾驶二轮摩托车上路行驶，未在最右侧机动车道内通行。徐某应承担本起事故的主要责任，王某承担次要责任。

问题描述

本案系饲养的动物致人损害的赔偿纠纷案件。本案的争议焦点是，王某自身在事故中是否有过错，是否足以减轻或免除侵权人的责任。

裁判情况

本案经过一审和二审。二审法院经审理认为，根据法律规定，饲养的动物造成他人损害的，动物饲养人或者管理人应当承担侵权责任，但能够证明损害是因被侵权人故意或者重大过失造成的，可以不承担或者减轻责任。案涉萨摩犬系徐某饲养和管理,且本起损害的发生系由徐某遛狗不善致其脱逃所致。徐某作为萨摩犬的饲养和管理责任人,应当能够通过自己的控制行为,防范相关危险发生和扩散。

裁判结论:徐某对王某医疗费损失承担90%的赔偿责任,即徐某赔偿王某医疗费损失8.1万元。

释法析理

《中华人民共和国民法典》第1246条和第1249条明确规定,违反管理规定,未对动物采取安全措施,和遗弃、逃逸的动物在遗弃、逃逸期间两种情形下,造成他人损害时,承担侵权责任的主体为动物的(原)饲养人或者管理人。

本案中,案涉萨摩犬系徐某饲养和管理,徐某未依照相关规定为该萨摩犬办理登记及注射疫苗等手续,未对其采取安全措施致其逃逸,从而造成事故发生,徐某应承担侵权责任。现虽无法确定王某在事故发生时的车速,但结合其将萨摩犬撞死的后果及王某在机动车道的快速车道内通行行为,综合分析可以确认其车速过快,且未能仔细观察路况,遇情况时处置不力,也负有责任。其在快速车道内通行,客观上导致了事故的发生,应自行承担相应的责任,依法减轻侵权人的责任。

相关法条

1.《中华人民共和国民法典》第一千一百七十三条 被侵权人对同一损害的发生或者扩大有过错的,可以减轻侵权人的责任。

2.《中华人民共和国民法典》第一千二百四十六条 违反管理规定,未对动物采取安全措施造成他人损害的,动物饲养人或者管理人应当承担侵权责任；但是，能够证明损害是因被侵权人故意造成的，可以减轻责任。

3.《中华人民共和国民法典》第一千二百四十九条　遗弃、逃逸的动物在遗弃、逃逸期间造成他人损害的，由动物原饲养人或者管理人承担侵权责任。

被禁止饲养的烈性犬咬伤应当由谁承担赔偿责任

◆（第 1247 条）◆

基本案情

某日下午 4 时许，张某在某菜市场行走时，被王某饲养的狼狗（为法律禁止饲养的烈性犬）咬伤左腿。张某遂到某市疾病预防控制中心治疗，治疗时间 28 天，注射狂犬免疫疫苗 5 次，花费医疗费 2492 元。张某因受伤误工，造成误工损失 2413 元，上述各项费用及损失合计 4905 元。

问题描述

本案系饲养的动物致人损害的赔偿纠纷案件。饲养的动物造成他人损害的，动物饲养人及管理者应当承担侵权责任。本案的争议焦点是，被禁止饲养的烈性犬等高危险动物咬伤，侵权赔偿责任应当如何确定。

裁判情况

本案二审裁定维持了一审判决。法院认为，根据中华人民共和国民法典关于"禁止饲养的烈性犬等危险动物造成他人损坏的，动物饲养人或者管理人应当承担侵权责任"规定，本案被告王某作为烈性犬的饲养人及管理者，应当承担动物致人损害的赔偿责任。被告辩称原告受伤并非其烈性犬所致，但在庭审中未向法院提供证据予以证实，其辩解理由依法不能成立，不予采信。

裁判结论：判决被告王某自判决生效之日起 3 日内赔偿原告张某医疗费 2492 元、误工费 2413 元，合计 4905 元。案件受理费 50 元，由被告负担。

释法析理

《中华人民共和国民法典》第 1247 条规定："禁止饲养的烈性犬等危险动物造成他人损害的，动物饲养人或者管理人应当承担侵权责任。"随着社会经济的发展和人民生活水平的提高，饲养动物的人群和家庭日益增多。动物是具有生命力和攻击力但是缺乏理智的特殊主体，其饲养人和管理人在享受乐趣的同时，也应承担较高的管理责任，严格遵守相关管理及安全规定，以降低饲养动物给公民健康和人身安全带来的危险性，营造安全的居住环境，维护社会公共秩序。《中华人民共和国民法典》侵权责任编立法的首要目标亦在于救济受害人，维护公共安全。其中明确规定，禁止饲养的烈性犬等危险动物造成他人损害的，动物饲养人或者管理人应当承担严格的无过错责任。动物饲养人违反禁止性规定饲养烈性犬等危险动物，是对管理规定的严重违反，具有严重的主观过错，不适用过失相抵原则。如果因此造成他人损害，无论受害人有无过错，动物饲养人或管理人均应承担侵权责任。

相关法条

《中华人民共和国民法典》第一千二百四十七条　禁止饲养的烈性犬等危险动物造成他人损害的，动物饲养人或者管理人应当承担侵权责任。

儿童投喂动物园饲养的动物被咬伤侵权责任如何确定

◆（第1248条）◆

基本案情

2011年4月10日下午，许某某（4周岁）与其父母至某动物园游玩，行至灵长类动物园区时，许某某穿过笼舍外设置的防护栏，给猴子喂食食物，右手中指被猴子咬伤。事发时，该动物园无工作人员在场，许某某的父亲向动物园相关部门投诉后，因情况紧急，遂即自行带许某某至市儿童医院医治并报警。许某某住院治疗，花费医疗费、假肢费共计6000元。经鉴定，许某某右手部损伤为十级伤残，本次损伤后的护理期为60日，营养期为30日。经对事发笼舍勘查：笼舍是铁制网状，在笼舍2米处悬挂"禁止跨越栏杆""禁止敲打""禁止嬉弄"等图文并茂的警示牌，距笼舍外1.5米处建有高1.12米的金属防护栏，金属防护栏栏杆间距15厘米左右。经现场试验，许某某及10周岁以下（偏瘦小）儿童可以通过栏杆间隙钻入。

问题描述

本案系动物园动物致害侵权纠纷案件。年仅4周岁的许某某在喂食动物园饲养的动物时被咬伤，根据中华人民共和国民法典规定，动物园的动物造成他人损害的，动物园应当承担侵权责任；但是，能够证明尽到管理职责的，不承担侵权责任。本案的争议焦点是：（1）被告某动物园是否尽到了管理职责以免除其责任；（2）许某某及其法定代理人有无过失，是否可以减轻被告的责任；（3）赔偿责任比例如何确定。

裁判情况

本案经过一审、二审，二审裁定维持一审判决。法院经审理认为，对于许某某被猴子咬伤的损害后果，因动物园防护栏存在安全瑕疵，且园方未有效阻止许某某穿越，动物园未尽到其管理职责，具有过错，应承担次要责任；许某某擅自穿越防护栏给猴子喂食，是其受伤的直接原因；许某某父母未看护好许某某，导致其擅自穿越防护栏喂食猴子，是许某某受伤的直接及主要原因，应承担主要责任。

裁判结论：酌定许某某的法定代理人对许某某的受伤承担60%的责任，某动物园承担40%的责任。

释法析理

《中华人民共和国民法典》第1248条规定："动物园的动物造成他人损害的，动物园应当承担侵权责任；但是，能够证明尽到管理职责的，不承担侵权责任。"可见，动物园的动物造成他人损害的，将根据动物园是否尽到管理职责，决定其是否承担侵权责任。

鉴于动物园所承担的独特社会功能，其不应该只是承担善良管理人的注意义务，而应该承担更高的符合其专业管理动物的注意义务。动物园虽通过张贴《公园游园守则》、悬挂图文并茂的警示牌等方式尽到了告知提醒义务，亦建立有巡视制度，尽到了对游客擅自翻越、穿越栏杆靠近动物等行为的劝阻义务；但在设施、设备安全防护方面，金属防护栏之间间距较大，并不能防止幼童钻入，根据其专业能力，应能预见此类危险发生的可能性，而未采取必要补救措施，动物园未完全尽到管理职责，存有过错。同时，许某某有过错，因事发时其年仅4周岁，其过错应由其监护人承担。许某某父母疏于对其的危险警示教育和看护，存有监管过失，应减轻被告的民事责任。许某某监护人也没有尽到监管责任，存有过失。因此，双方均应承担相应的过错责任。

相关法条

《中华人民共和国民法典》第一千二百四十八条 动物园的动物造成他人损害的，动物园应当承担侵权责任；但是，能够证明尽到管理职责的，不承担侵权责任。

狗被汽车碰撞受惊致摩托车骑车人倒地受伤应当由谁承担赔偿责任

（第 1250 条）

基本案情

某日，陈某驾驶一小型客车经过一十字路口时，撞到横穿道路的一条狗，狗受惊窜至路边，与刘某驾驶的三轮摩托车前轮相撞，致使三轮车翻倒，刘某触地受伤，随后住院治疗。小型客车在某保险公司投保了机动车强制险，事故发生在保险期间内。后因各方未就事故赔偿达成一致，刘某将某保险公司、陈某诉至法院，请求法院判令两被告赔偿损失共计3万余元。

问题描述

本案系因驾驶人刘某受伤的事故引起的双方之间的纠纷，属于机动车交通事故责任纠纷。本案的争议焦点是，车辆在行驶中碰撞动物，致使动物对其他车辆造成损害的，承担侵权责任的主体如何确定？能否向动物饲养人或者管理人主张侵权赔偿？肇事车辆的保险公司是否应承担赔偿责任？

裁判情况

本案经过一审、二审，二审维持了一审判决。一审法院认为，陈某驾驶小型客车与横穿道路的狗相撞，狗又与对向行驶的刘某驾驶的三轮摩托车相撞，造成三轮车翻倒，致使狗造成他人伤害是由陈某驾驶车辆操作不当的行为过错造成的，刘某受伤与肇事车辆行为之间存在因果关系。刘某因该交通事故遭受的各项损失合计3万余元。陈某的小型客车在某保险公司投保机动车强制险，刘某要求赔偿的损失未超出合理范围，应由保险公司在保险责任限额内予以赔偿。

裁判结论：某保险公司支付刘某保险赔偿金3万余元。

释法析理

《中华人民共和国民法典》第1250条规定："因第三人的过错致使动物造成他人损害的，被侵权人可以向动物饲养人或者管理人请求赔偿，也可以向第三人请求赔偿。动物饲养人或者管理人赔偿后，有权向第三人追偿。"通常情况下，一般侵权民事责任的构成须具备四个要件：具有危害行为，行为人主观具有过错，产生损害结果，危害行为和损害结果间有因果关系。本案中，陈某驾驶的肇事车辆虽然未直接与刘某驾驶的车辆发生碰撞，但陈某驾驶的车辆撞到一条狗，开启了一个危险源，该危险源又致刘某驾驶的车辆翻倒，因陈某车辆碰撞动物，致其损害其他车辆，刘某受伤与陈某驾驶的车辆开启的危险源有直接的因果关系，肇事车辆方存在过错。陈某驾驶的车辆在保险公司投保了交强险，故保险公司理应承担赔偿责任。刘某有权利要求动物饲养人承担饲养动物损害赔偿责任，但最终的赔偿义务仍应由存在过错的第三人即陈某一方承担。肇事车辆的保险公司基于保险合同约定，应对肇事车辆造成的损失承担赔偿责任。

相关法条

《中华人民共和国民法典》第一千二百五十条　因第三人的过错致使动物造成他人损害的,被侵权人可以向动物饲养人或者管理人请求赔偿,也可以向第三人请求赔偿。动物饲养人或者管理人赔偿后,有权向第三人追偿。

建筑工地在建墙体倒塌砸伤工人赔偿责任如何分配

◆（第 1252 条）◆

基本案情

某镇政府将"某泥石流地质灾害治理工程"发包给 A 公司承建。一日上午，韩某某在 A 公司工地铺设水管过程中，混凝土墙体倒塌，压伤韩某某。韩某某被送往医院治疗，住院 23 天，花去医疗费共计 11 万余元。A 公司已支付韩某某 6 万元。经鉴定韩某某伤情构成九级伤残，建议误工期 150 日，护理期 60 日，营养期 90 日。后韩某某诉至法院，要求 A 公司承担全部赔偿责任，某镇政府承担连带赔偿责任。

问题描述

本案系因建筑物倒塌致人损害引发的侵权责任赔偿纠纷案件。原告认为，A 公司作为施工单位，某镇政府作为建设单位，对墙体建筑物倒塌造成其受伤，应负赔偿责任。被告则认为，韩某某受伤系其在铺设水管时私自拆掉支撑架所致，被告不应承担赔偿责任。本案的争议焦点是，A 公司和某镇政府是否应当承担损害赔偿责任，韩某某对自身损害是否存在过错，以及原告与被告之间的责任比例如何划分。

裁判情况

本案经过一审、二审。法院经审理后认为，韩某某作为完全民事行为能力人，到A公司承建项目的工地铺设水管，应预见到存在风险，其对自身受伤存在一定过错。A公司辩称韩某某受伤系因铺设水管时私自拆掉了支撑架，但未提供充分的证据材料加以印证，A公司作为施工单位，某镇政府作为建设单位，均不能够证明墙体不存在质量缺陷，根据本案实际，宜确定A公司、某镇政府承担80%的连带赔偿责任，韩某某自负20%的责任。

裁判结论：A公司、某镇政府承担80%的连带赔偿责任。

释法析理

《中华人民共和国民法典》第1252条规定："建筑物、构筑物或者其他设施倒塌、塌陷造成他人损害的，由建设单位与施工单位承担连带责任，但是建设单位与施工单位能够证明不存在质量缺陷的除外……"建筑物倒塌致人损害，归责原则适用过错推定原则，责任主体是建设单位和施工单位。

本案中，A公司作为施工单位，某镇政府作为建设单位，均不能提供证据证明其工程不存在质量缺陷，故应对其墙体倒塌致韩某某受伤承担连带赔偿责任。同时，《中华人民共和国民法典》第1173条规定，"被侵权人对同一损害的发生或者扩大有过错的，可以减轻侵权人的责任"。本案中，韩某某作为完全民事行为能力人，对工地危险作业具有高度注意义务，其对自身受伤存在一定过错，根据其过错程度，减轻了侵权人20%的赔偿责任。

相关法条

1. 《中华人民共和国民法典》第一千一百七十三条　被侵权人对同一损害的发生或者扩大有过错的，可以减轻侵权人的责任。

2. 《中华人民共和国民法典》第一千二百五十二条　建筑物、构筑物或者其他设施倒塌、塌陷造成他人损害的，由建设单位与施工单位承担连带责任，但是建设单位与施工单位能够证明不存在质量缺陷的除外。建设单位、施工单位赔偿后，有其他责任人的，有权向其他责任人追偿。

因所有人、管理人、使用人或者第三人的原因，建筑物、构筑物或者其他设施倒塌、塌陷造成他人损害的，由所有人、管理人、使用人或第三人承担侵权责任。

侵权责任编

电梯井顶部油毡脱落砸坏汽车谁来赔偿车主损失

◆（第 1253 条）◆

基本案情

一日，高某某驾驶小型轿车前往 A 公司购物，到达目的地后将车停放于 B 公司为就餐人员提供的免费停车场。该停车场由 B 公司工作人员指挥管理。不多久，天空刮起大风，将位于某中路十五号商用楼（以下简称十五号商用楼，属 C 公司所有；A 公司为十五号商用楼一层、二层及三层局部的使用者）电梯井顶部的油毡吹落，砸坏高某某停放在电梯井正下方的车辆。事发后，高某某报警称其在 A 公司院内的汽车被砸，并起诉至法院，请求判决 A 公司、B 公司、C 公司赔偿汽车修理费等。

问题描述

本案系建筑物物件脱落引发的侵权损害责任纠纷案件。所有人、管理人和使用人对建筑物及其上面的搁置、悬挂物品负有管理责任，如出现致人损害的情况，存在过错的所有人、管理人或使用人需要承担侵权责任。本案的争议焦点是，电梯井顶部物件脱落造成他人损害，A 公司、B 公司、C 公司是否存在过错并应承担赔偿责任。

裁判情况

本案经过一审、二审。法院经审理认为,本案被告 C 公司作为十五号商用楼的产权人,其应对包括该商用楼电梯井等设施在内的楼宇整体负有管理和维护的责任,其未尽到必要的管理和维护责任,对油毡脱落导致高某某车辆受损存在过错。A 公司作为十五号商用楼一层、二层及三层局部的使用者,其对该楼上述使用部位同样负有管理责任,但油毡系从十五号商用楼电梯井顶部位置脱落,故 A 公司对电梯井顶部油毡脱落造成高某某车辆受损没有过错,不应承担侵权责任。高某某的车辆虽停放在 B 公司的停车场内,事发当日 B 公司亦指派工作人员对进入其停车场的车辆进行管理,已经尽到了必要的管理义务,故 B 公司对电梯井顶部油毡脱落造成高某某车辆受损没有过错,不应承担侵权责任。

裁判结论:被告 C 公司赔偿原告高某某的车辆修理费、交通费;驳回原告其他诉讼请求。

释法析理

《中华人民共和国民法典》第 1253 条规定:"建筑物、构筑物或者其他设施及其搁置物、悬挂物发生脱落、坠落造成他人损害,所有人、管理人或者使用人不能证明自己没有过错的,应当承担侵权责任。所有人、管理人或者使用人赔偿后,有其他责任人的,有权向其他责任人追偿。"由此可见,建筑物物件脱落引发的侵权损害责任纠纷,归责原则是过错推定责任原则,责任主体是建筑物所有人和管理人、使用人。本案被告 C 公司作为十五号商用楼的产权人,其应对包括该商用楼电梯井等设施在内的楼宇整体负有管理和维护的责任。事发前,C 公司并未对十五号商用楼电梯井尽到必要的管理和维护责任,导致该楼电梯井顶部油毡因事发当日刮风脱落,造成高某某的车辆受损,故对油毡脱落导致高某某车辆受损存在过错。A公司作为十五号商用楼一层、二层及三层局部的使用者，其对该楼上述使用部位同样负有管理责任，但油毡系从十五号商用楼电梯井顶部位置脱落，而该公司并未承租和实际使用电梯井，其对电梯井及其顶部不负有管理和维护的责任，故A公司对电梯井顶部油毡脱落造成高某某车辆受损没有过错。B公司并非十五号商用楼的所有人或使用人，高某某的车辆虽停放在B公司的停车场内，但是该停车场系B公司为到其公司就餐顾客提供的免费停车场，事发当日，B公司亦指派工作人员对进入其停车场的车辆进行管理，其对停车场的使用已经尽到了必要的管理义务，故B公司对电梯井顶部油毡脱落造成高某某的车辆受损没有过错。因此本案应由被告C公司承担赔偿责任。

相关法条

《中华人民共和国民法典》第一千二百五十三条 建筑物、构筑物或者其他设施及其搁置物、悬挂物发生脱落、坠落造成他人损害，所有人、管理人或者使用人不能证明自己没有过错的，应当承担侵权责任。所有人、管理人或者使用人赔偿后，有其他责任人的，有权向其他责任人追偿。

高空掉下水泥块砸伤路人由谁承担责任

◆（第 1254 条）◆

基本案情

一日，黄某某路过某小区 B1、B2 栋的楼梯道门口时，被从空中坠落的水泥块砸伤头部。经公安机关勘查，案发时天空下小雨，光照一般，事发地点为距 B1、B2 栋楼门口 2 米左右的花池边，地上遗留有黄某某受伤后留下的血迹，血迹旁约 50 厘米处遗留一块 10 厘米×10 厘米×5 厘米的疑似水泥块状物。经检查 B1、B2 栋的外墙建筑，未发现墙体有剥落的情况，经询问及检查该楼住户住宅，未发现其他异常情况。公安机关未能确定具体的加害人。黄某某受伤后即被送往某市人民医院住院并进行手术治疗，共住院 20 天。经鉴定，黄某某的伤残等级为九级伤残。后黄某某因伤所受损失未得到解决，其法定代理人向法院起诉，要求某小区 B1、B2 栋的 12 户住户连带赔偿黄某某的医疗费、住院伙食补助费、护理费、交通费、残疾赔偿金、伤残鉴定费、精神损害费。

问题描述

本案系从建筑物抛掷、坠落的物品造成他人损害引发的侵权责任赔偿纠纷案件。本案中，原告黄某某路过高楼时被"飞来"的水泥块砸伤致残，因公安机关未能确定具体的加害人，原告主张 B1、B2 栋的 12 户住户连带赔偿。12 户住户则认为，黄某某被砸伤与他们无关。本案的争议焦点是，在无法查明具体的侵权人时，B1、B2 栋的 12 户住户是否应当承担连带赔偿责任。

裁判情况

本案经过一审和二审。法院审理认为，黄某某在某小区 B1、B2 栋的楼梯道门口被水泥块状物砸伤头部，结合公安机关勘查认定的现场概况、周围环境，可以认定黄某某头部的伤系由高空坠落或抛掷的水泥块状物所致。黄某某受伤后，经公安机关调查，未能确定具体的加害人。法律规定，从建筑物中抛掷物品或者从建筑物上坠落的物品造成他人损害的，由侵权人依法承担侵权责任；经调查难以确定具体侵权人的，除能够证明自己不是侵权人的外，由可能加害的建筑物使用人给予补偿。本案 12 位被告均系可能加害的建筑物使用人，且均未能提供证据证实自己不是加害人，对原告因此遭受的各项损失，扣除已由医疗保险报销的部分为，其余共计 5 万余元的各项损失由 12 位被告平均分担。

裁判结论：12 位被告住户对黄某某的损害，平均分担补偿责任。

释法析理

《中华人民共和国民法典》第 1254 条规定："禁止从建筑物中抛掷物品。从建筑物中抛掷物品或者从建筑物上坠落的物品造成他人损害的，由侵权人依法承担侵权责任；经调查难以确定具体侵权人的，除能够证明自己不是侵权人的外，由可能加害的建筑物使用人给予补偿。可能加害的建筑物使用人补偿后，有权向侵权人追偿。物业服务企业等建筑物管理人应当采取必要的安全保障措施防止前款规定情形的发生；未采取必要的安全保障措施的，应当依法承担未履行安全保障义务的侵权责任。

发生本条第一款规定的情形的，公安等机关应当依法及时调查，查清责任人。"随着我国经济社会的发展，城市和农村中的高楼越来越多，因高空坠物特别是从高楼等建筑物中抛掷物品造成他人伤害的现象时有发生。司法实践中，从建筑物中抛掷物品或者从建筑物上坠落的物品造成他人损害，往往涉及建筑物的所有人、使用人以及物业公司等管理人。对此民法典首先对从建筑物中抛掷物品的行为作了禁止性的宣示规定，这种规定在民法典中是不多见的，体现了民法典对该类行为的强化调整。也就是说，无论是居住在楼房中的房屋所有人、使用人，还是其他任何人，都不应该向外抛掷物品，否则将承担法律责任。对于建筑物坠落的，民法典规定了物业公司等建筑物管理人必要的安全保障义务，违反该义务的要承担未履行安全保障义务的侵权责任。

遇到本案中的情形后，应首先看是否能够找到具体的侵权行为人，找不到的可以请求公安等机关依法及时调查，经调查能够确定具体侵权行为人的，适用过错责任归责原则，由该具体侵权行为人承担责任；经调查仍确定不了具体侵权行为人的，由可能加害的建筑物使用人给予补偿，除非其能够证明自己不是侵权行为人（如当时家中无人居住、具体所在的楼层不存在抛掷物品的可能性等），也就是说，此时适用过错推定归责原则。本案中，有证据证实存在高空抛掷或坠落物的事实，并且导致了黄某某受伤的结果，该损害结果与高空抛掷或坠落物有因果关系，且12户建筑物使用人不能够证明自己不是侵权行为人，无合理的抗辩理由，其主观上无论是否有过错，都应对受害人给予补偿。

相关法条

《中华人民共和国民法典》第一千二百五十四条　禁止从建筑物中抛掷物品。从建筑物中抛掷物品或者从建筑物上坠落的物品造成他人损害的，由侵权人依法承担侵权责任；经调查难以确定具体侵权人的，除能够证明自己不是侵权人的外，由可能加害的建筑物使用人给予补偿。可能加害的建筑物使用人补偿后，有权向侵权人追偿。

物业服务企业等建筑物管理人应当采取必要的安全保障措施防止前款规定情形的发生；未采取必要的安全保障措施的，应当依法承担未履行安全保障义务的侵权责任。

发生本条第一款规定的情形的，公安等机关应当依法及时调查，查清责任人。

路边堆放的电线杆滚落压伤卸货司机应当由谁赔偿

◆（第 1255 条）◆

基本案情

一日，黄某驾驶货车到某村送货，在倒车准备卸货时，发现路边斜坡草丛地上堆放的圆柱形电线杆离车尾很近，遂在车辆未熄火的情况下，下车查看车辆是否碰到电线杆，此时堆放的电线杆滚落，压到了其左大腿。该电线杆系 A 公司在对某县供电局的线路改造工程准备施工的过程中，因线路附近的稻田未收割，由 A 公司施工人员暂时堆放在该村的斜坡草地上。黄某被电线杆压到后，现场的村民立即对其进行施救，并送至县人民医院住院治疗。黄某住院期间，A 公司已垫付医疗费 4 万余元。后黄某因赔偿事宜与 A 公司和某县供电局协商未果，遂诉至法院，请求法院判令 A 公司和某县供电局承担连带赔偿责任。

问题描述

本案系因堆放物倒塌、滚落或者滑落致人受伤引发的侵权责任赔偿纠纷案件。黄某认为，电线杆系 A 公司和某县供电局在进行线路改造过程中堆放的，二被告应当承担连带赔偿责任。被告 A 公司认为，原告受伤系其倒车碰到电线杆引发滚落造成的，其不应该承担赔偿责任；被告某供电局认为其作为建设单位，电线杆堆放在何处不由其决定，其不应该承担赔偿责任。本案的争议焦点是，电线杆的堆放人是 A 公司还是某县供电局，黄某和堆放人的过错如何认定。

⚖ 裁判情况

本案经过一审、二审。法院经审理后认为，放置在路边斜坡草地上的电线杆滚落压伤原告，应认定为堆放物倒塌致人损害。被告 A 公司承接了被告某县供电局的线路改造工程，县供电局已经将电线杆从供应商交付至 A 公司，由 A 公司接收并负责施工，此时的电线杆已由 A 公司实际控制和管理，故作为所有人的被告某县供电局对事故的发生没有过错，不应承担赔偿责任。被告 A 公司作为电线杆的实际控制人和管理人，将圆柱形的电线杆放置在路边的斜坡草丛中，一头放置在水泥板上，应该意识到电线杆作为重物在斜坡及水泥地板上容易滚动而采取更为安全的措施，但其未尽到注意提示警示义务，也未提供证据证明自己没有过错，应承担主要责任。事发当时只有原告黄某一人在现场，其在车没有熄火的情况下下车查看车是否碰到电线杆，被突然滚落的电线杆压伤，原告也存在一定的过错，应自行承担次要责任。结合本案案情，认定原告黄某自行承担 40% 的责任，被告 A 公司承担 60% 的赔偿责任。

裁判结论：被告 A 公司于本判决生效之日起 15 日内支付原告 9 万余元（医疗费等 23 万余元的 60%）；驳回原告其他诉讼请求。

⚖ 释法析理

《中华人民共和国民法典》第 1255 条规定，"堆放物倒塌、滚落或者滑落造成他人损害，堆放人不能证明自己没有过错的，应当承担侵权责任"。根据该规定，堆放物倒塌损害责任纠纷，归责原则适用过错推定责任原则，责任主体是堆放人。

本案中，某县供电局已将电线杆交付至 A 公司，由 A 公司接收并负责施工，此时 A 公司是电线杆的实际控制和管理人，且也是 A 公司的施工人员将电线杆放置在路边的斜坡草地上，故应认定电线杆的堆放人为 A 公司。A 公司将电线杆的一头底部放置在水泥板上，应该意识到电线杆作为重物在斜坡上容易滚动，在此情形下，A 公司未能证明其已采取更为安全的措施，也没有做到注意提示、警示义务，因此可以推定其对损害的发生有过错，应承担主要的侵权赔偿责任。某县供电局已将电线杆交付 A 公司，可以证明其对电线杆的滚落不存在过错，因此不承担责任。原告黄某作为完全民事行为能力人，为查看倒车情况，疏忽大意未尽注意义务，走到电线杆放置路边斜坡草丛地的田坎下面，查看其车与电线杆的距离时被电线杆滚落压伤；电线杆放置于路边斜坡草丛一个月一直没有滑动，如果没有外力的作用不会突然间滑动，事发现场只有其一人在现场，故其对损害的发生有一定的过错，应承担次要责任。

相关法条

《中华人民共和国民法典》第一千二百五十五条　堆放物倒塌、滚落或者滑落造成他人损害，堆放人不能证明自己没有过错的，应当承担侵权责任。

骑车时因路面有油污而滑倒受伤环卫部门是否承担赔偿责任

◆（第 1256 条）◆

基本案情

一日，姚某骑电动自行车行至某交叉路口时，因路面存在油污且路面刚洒水很潮湿而摔倒。姚某受伤后即向公安局交通巡逻大队报警并被送至医院住院治疗。经诊断其右胫腓骨开放性骨折，鉴定构成十级伤残。后姚某就其因骑车摔伤治疗发生的损害赔偿，与某市城管局和某市环境卫生管理处协商未果，遂诉至法院，请求判令某市城管局和环境卫生管理处连带赔偿其医疗费、误工费、护理费、住院伙食补助费、残疾赔偿金、交通费、鉴定费等。

问题描述

本案系因在公共道路上通行造成损害引发的侵权责任赔偿纠纷案件。原告认为，某市城管局和环境卫生管理处对道路存在管理瑕疵，没有尽到相应的管理义务，是造成其骑车摔伤的直接原因，应当承担赔偿责任。被告则认为，原告摔伤是其自己不注意造成的，与被告无关。本案的争议焦点是，城管局和环境卫生管理处是否应承担赔偿责任，姚某对自身的损害是否存在过错，以及责任比例该如何划分。

裁判情况

本案经过一审、二审。法院经审理后认为，在公共道路上堆放、倾倒、遗撒妨碍他人通行的物品，无法确定具体行为人时，环卫机构作为具体负责道路清扫的责任单位，应当根据路面的实际情况制定相应的巡查频率和保洁制度，并在每次巡查保洁后保存相应的记录，保持路面基本清洁，以保障安全通行。环卫机构未能提供其巡回保洁和及时清理的相关记录，应当认定其未尽到清理、保洁的义务，对他人因此受伤产生的损失，依法应承担相应的赔偿责任。城管局并非道路清洁的直接维护管理单位，在本案中不应承担责任。原告姚某对自身损害存在过错，也应承担相应的责任。结合本案实际，认定环境卫生管理处承担40%的责任、原告姚某自身承担60%的责任为宜。同时认定，姚某因此次骑车摔伤造成的医疗费、误工费、护理费、住院伙食补助费、残疾赔偿金、交通费、鉴定费等8万余元。

裁判结论：被告某市环境卫生管理处于本判决生效之日起30日内赔偿原告姚某受伤产生的各项损失3万余元；驳回原告其他诉讼请求。

释法析理

《中华人民共和国民法典》第1256条规定："在公共道路上堆放、倾倒、遗撒妨碍通行的物品造成他人损害的，由行为人承担侵权责任。公共道路管理人不能证明已经尽到清理、防护、警示等义务的，应当承担相应的责任。"根据该条规定，当发生公共道路上堆放、倾倒、遗撒妨碍通行的物品造成他人损害的事件时，首先要看是否能够找到堆放、倾倒、遗撒物品的具体行为人，如果能够确定具体行为人，应由具体行为人承担侵权责任；不能确定具体行为人时，若公共道路管理人不能证明自己已经尽到清理、防护、警示等义务，就要承担相应的侵权赔偿责任。也就是说，此时对于公共道路管理人而言，适用过错推定归责原则。

  本案中无法确定造成路面油污的具体责任人。被告城管局不是道路清洁的直接管理单位，不承担责任。被告环境卫生管理处作为承担事发路段清洁工作的直接义务人，理应制定相应的保洁制度、加强保洁工作，并在每次保洁结束之后保存相应的工作记录，但其在本案中未能提供证据证明其已按照规定完成了保洁义务，因此要承担对原告骑车摔伤后果的侵权赔偿责任。原告驾驶非机动车行驶在机动车道路，显然不符合道路交通安全法对非机动车通行的规定，并且原告对前方道路的地面情况疏于观察，遇有油污情况处置不当，自身存在过错。关于双方责任比例划分，从事故发生的时间和地点看，该路段人车流量较多，且处于路面人车流量较多的时间段；从本案现场照片反映的情况看，油污面积非常明显且在道路交叉路口，因此认定环境卫生管理处承担40%的责任，姚某自身承担60%的责任。

相关法条

  《中华人民共和国民法典》第一千二百五十六条 在公共道路上堆放、倾倒、遗撒妨碍通行的物品造成他人损害的，由行为人承担侵权责任。公共道路管理人不能证明已经尽到清理、防护、警示等义务的，应当承担相应的责任。

树枝折断坠落砸伤路人如何承担责任

（第 1257 条）

基本案情

2012 年 6 月，钟某某购买了一处房屋，该房屋属于不可移动的文物。该房屋院内有一棵南洋杉和一棵芒果树，均不属于古树名木。钟某某购买房屋时已发现树木倾斜，但未采取措施排除安全隐患，直至 2014 年 5 月的一天才向某市城管局申请砍伐。某市城管局收到钟某某申请后的第四天，派员到现场进行了查看，发现树木倾斜并压在房屋围墙上，存在极大安全隐患，但当天未采取任何措施，而是两天后向钟某某送达了由钟某某尽快排除隐患的答复。就在答复送达给钟某某的前一天，吴某某步行途经该房屋围墙外，被院内突然折断坠落的树枝砸伤，后送去医院住院治疗。经司法鉴定，构成一项四级伤残和一项八级伤残。为此，吴某某诉至法院，请求法院判令被告钟某某、某市城管局赔偿其因此遭受的住院医疗费等各项损失。

问题描述

本案系因院内的林木折断坠落造成他人人身损害引发的侵权责任赔偿纠纷案件。原告认为，被告钟某某作为林木的所有人，市城管局作为林木的管理人，未尽到安全保障义务，造成林木折断砸伤自己，应承担侵权赔偿责任。被告钟某某则认为，其在树枝折断前三天就已经向城管部门申请砍伐，其不应承担责任。本案的争议焦点为，作为林木所有人的被告钟某某以及作为林木管理人的某市城管局，是否应承担赔偿责任，以及责任比例应如何划分。

裁判情况

本案经过一审、二审。法院经审理后认为，吴某某步行途经涉案房屋围墙外时，被院内突然折断坠落的树枝砸伤，吴某某对事故的发生无过错。原告钟某某作为林木所有人，应承担主要责任。被告某市城管局作为具备相关专业知识的管理部门，在得知林木存在重大安全隐患后，未能及时提供技术指导采取补救措施，也应承担相应责任。结合本案实际，认定钟某某承担70%的责任，市城管局承担30%的责任。

裁判结论：钟某某负70%的责任，市城管局负30%的责任。

释法析理

《中华人民共和国民法典》第1257条规定："因林木折断、倾倒或者果实坠落等造成他人损害，林木的所有人或者管理人不能证明自己没有过错，应当承担侵权责任。"由此可见，林木折断损造成他人损害时，林木的所有人或者管理人应承担侵权责任，除非其能证明自己没有过错。也就是说，在该种情形下，对林木的所有人或者管理人适用过错推定归责原则。

本案中，被告钟某某和某市城管部门均不能提供充分的证据证明自己不存在过错，因此均应承担侵权责任。在侵权责任的划分上，由于被告钟某某作为涉案树木的所有人，其购买房屋时就已经发现涉案树木倾斜，应该预料到可能发生折断坠落的危险，但其过了近两年后才向市城管局申请砍伐涉案树木，其间一直未采取措施排除安全隐患，系导致林木折断坠落造成原告受伤的主要原因，故法院认定被告钟某某承担主要责任。被告某市城管局作为市区居住区绿地绿化的管理机构，在收到钟某某砍伐涉案树木的申请后派员到现场查看，发现涉案树木存在极大安全隐患时，作为具备相关专业知识的管理部门，并未采取或建议树木所有人采取紧急防范措施，排除或降低安全隐患，最终导致涉案树木折断坠落砸伤原告，故法院认定某市城管局应承担次要责任。

 相关法条

《中华人民共和国民法典》第一千二百五十七条　因林木折断、倾倒或者果实坠落等造成他人损害，林木的所有人或者管理人不能证明自己没有过错的，应当承担侵权责任。

因踩到的井盖突然翻转致伤应向谁索赔

◆（第 1258 条）◆

📋 基本案情

一天傍晚，王某某与妻子在某县街道上散步，在路过人行道上的污水井盖时，王某某一脚踩上井盖，井盖突然翻转，造成王某某右脚受伤，后被送医院住院治疗 16 天。事后，王某某家人向该县城管局及时反映了该情况，该县城管局派人到现场作了调查了解，确认涉案的井盖盖板有松动，在受到外力时会发生翻转，随即对盖板作了加固处理。事发前，涉案井盖曾由某建设公司作过修复改造，并已移交给某县城管局管理。王某某受伤后，经多方寻求解决未果，遂将某县城管局诉至法院，请求判令县城管局赔偿医疗费、护理费、住院伙食补助费、营养费等。

🔍 问题描述

本案系行人在公共道路上踩到井盖，井盖翻转致人损害引发的侵权责任纠纷案件。原告认为，翻转的井盖造成了其人身伤害，某县城管局作为该井盖的管理部门，应承担侵权责任。被告某县城管局则认为，原告走路时不小心造成了井盖翻转并致其受伤，自身也应该承担责任。本案的争议焦点是，某县城管局是否应当承担赔偿责任，以及王某某对自身的损害是否存在过错。

裁判情况

法院经审理后认为，原告正常行走踩到井盖，而该井盖是设在道路上的公共设施，被告作为井盖的管理者，未对公共道路上松动的污水井盖尽到安全管理义务，给原告造成损害，被告未举证证明其对原告受伤不存在过错，故被告应当就原告受伤造成的合理损失承担全部民事赔偿责任。

裁判结论：被告某县城管局赔偿原告王某某医疗费、护理费、住院伙食补助费、营养费等。

释法析理

《中华人民共和国民法典》第1258条规定："在公共场所或者道路上挖掘、修缮安装地下设施等造成他人损害，施工人不能证明已经设置明显标志和采取安全措施的，应当承担侵权责任。窨井等地下设施造成他人损害，管理人不能证明尽到管理职责的，应当承担侵权责任。"根据该规定，因公共场所或者道路上挖掘、修缮安装地下设施等造成损害的，由施工人承担侵权责任；因窨井等地下设施造成他人损害的，由窨井等地下设施的管理人承担侵权责任，且均适用过错推定归责原则。

本案事发时，施工人某建设公司已将井盖移交县城管局管理，该建设公司不承担责任。被告某县城管局于事发后，曾派员到事发实地查勘、调查，并未依法举证证明对其管理下的物件（井盖）致原告受损害不存在过错，故应承担侵权赔偿责任。至于原告王某某是否具有过错，在于其是否尽到了一般人应有的安全注意义务。本案中，原告系正常行走，井盖也系正常设置，并未表现出异常，在开放的公共场所，行人对井盖的安全性不存疑问是正常状态，难以预料到井盖会松动，不负有安全注意义务，因此其对踩到井盖并因井盖翻转致伤不存在过错，无须承担责任。

相关法条

《中华人民共和国民法典》第一千二百五十八条　在公共场所或者道路上挖掘、修缮安装地下设施等造成他人损害，施工人不能证明已经设置明显标志和采取安全措施的，应当承担侵权责任。

窨井等地下设施造成他人损害，管理人不能证明尽到管理职责的，应当承担侵权责任。